TRES DIES A LA PRESÓ

JORDI CUIXART
GEMMA NIERGA

TRES DIES A LA PRESÓ

Un diàleg sense murs

ROSA
DELS
VENTS

Paper certificat pel Forest Stewardship Council®

MIXT
Paper procedent de fonts responsables
FSC® C117695

Primera edició febrer de 2019
Tercera reimpressió: març de 2019

Travessera de Gràcia, 47-49. 08021 Barcelona

Publicat per Rosa dels Vents, un segell de
Penguin Random House Grupo Editorial, S. A. U.

Printed in Spain – Imprès a Espanya

ISBN: 978-84-17627-72-0
Dipòsit legal: B-5.349-2019

Compost a Comptex & Ass., S. L.

Imprès a Black Print CPI Ibérica
Sant Andreu de la Barca (Barcelona)

VT 2 7 7 2 0

Penguin
Random House
Grupo Editorial

Aquest llibre ha estat possible gràcies a l'empenta i la intel·ligència de dues dones: l'Eva Pallarès, que ha estat amb nosaltres a la presó per apuntar totes les paraules, i l'Eva Piquer, que s'ha quedat fora per ajudar-nos a posar les paraules en ordre.

Tanqueu les nostres biblioteques si voleu; però no hi ha cap porta, cap pany, cap forrellat que pugueu imposar a la llibertat de la meva ment.

VIRGINIA WOOLF

Índex

Pròleg

La foto de la coberta d'aquest llibre és un muntatge. Jordi Cuixart i jo no hem estat mai esquena contra esquena, no ens hem abraçat, ni tan sols ens hem pogut tocar. En tot moment al llarg d'aquestes trobades ens ha separat el vidre gruixut del locutori. Els de l'altra banda hem escoltat la seva veu a través d'un intèrfon que ell ha anat aguantant ara amb una mà, ara amb l'altra. Com que no ens han deixat entrar-hi cap sistema de gravació, hem hagut d'anar anotant en directe les seves paraules. És així com he conegut Jordi Cuixart, en una sala plena de cabines transparents, sempre amb un vidre interposat.

El primer dia que vaig trepitjar Lledoners era un dissabte: el 10 de novembre de 2018. Vaig anar-hi amb Txell Bonet, la dona de Cuixart, i el fill de tots dos, l'Amat. Els vaig recollir amb el meu cotxe a casa seva, a Gràcia, i vam emprendre el camí de prop d'una hora cap al Bages. El nen, d'un any i mig, anava remugant «Papa, papa» des del seient posterior: sabia molt bé on ens dirigíem. Per a l'Amat un pare és algú a qui veus darrere d'un vidre, algú que t'agafa a coll entre quatre parets molt de tant en tant.

Aquella primera trobada, l'única que va tenir lloc durant l'horari habitual de visites dels familiars, la recordo minut a minut, començant per l'estona de cua que vam haver de fer. A l'entrada de la presó t'obliguen a deixar els objectes personals en un armariet. A la Txell li van trobar un pintallavis en una butxaca de l'abric i el policia li va recordar que no el podia entrar al locutori. Abans de desar-lo al costat del mòbil i de tancar l'armariet amb clau, ella es va pintar ben pintats els llavis de color vermell. Anava a veure el seu home i volia fer la millor cara possible.

També va ser aquell dia quan vaig decidir que sí, que conversaria amb Jordi Cuixart per fer-ne un llibre. He d'admetre que, quan em van trucar d'Òmnium per dir-me que el president de l'entitat volia que l'entrevistés a la presó, la proposta em va sorprendre. No m'hauria imaginat mai que em vindrien a buscar a mi per fer una feina com aquesta. Però aquell primer dia amb en Jordi vam parlar de l'assassinat d'Ernest Lluch i de la manera improvisada com vaig demanar als polítics, durant la manifestació tristíssima del novembre del 2000, que recorreguessin al diàleg per resoldre el conflicte. L'Ernest hauria intentat dialogar fins i tot amb la persona que el va matar. El diàleg hauria de ser sempre la via. I ara m'estaven proposant que dialogués amb un líder social que feia més d'un any que estava en presó preventiva i que volia mostrar-se al món. Negar-me a aquest diàleg aviat em va deixar de semblar una opció.

Soc periodista i m'agrada fer preguntes. M'encanta tenir converses a fons amb els entrevistats. Poder mantenir tres trobades de quatre hores cadascuna (més una última conversa per repassar la transcripció i comentar detalls com la foto de la coberta) ha estat un luxe majúscul, malgrat el vidre. M'ho va dir el filòsof Josep Ramoneda quan li vaig explicar les meves anades a Lledoners: avui, en aquest present apressat, ja no hi ha temps per fer entrevistes de debò, converses reposades en què el personatge arribi a oblidar que l'estan entrevistant. I és curiós haver tingut una oportunitat així justament en un entorn hostil com la presó, amb trobades autoritzades pels responsables d'institucions penitenciàries i amb un vidre que ens força a saludar-nos com es fa entre reixes: posant les mans a la mateixa altura, palmell contra palmell.

Abans de la primera entrevista de quatre hores amb Jordi Cuixart, vaig anar a veure els seus pares a Santa Perpètua de Mogoda. Un mecànic de Badalona i una carnissera nascuda a Múrcia. Viuen en una planta baixa senzilla, en un dels carrerons del poble. «Antonio Cuixart - María Navarro», posa a la bústia. També hi eren les seves germanes grans, la Neus i l'Esther. La família Cuixart Navarro s'està acostumant, quin remei!, a tenir un fill empresonat. «Vols dir que això d'Òmnium no et portarà problemes?», va preguntar la Maruja al seu fill quan va veure que en Jordi es presentava amb guardaespatlles als dinars familiars. Salvant les distàncies, és també el que vaig preguntar jo a Marcel Mauri quan em van proposar de fer aquest llibre: «Vols dir que això no em portarà problemes?».

L'amic i col·lega Bru Rovira troba que en els darrers temps s'ha imposat un periodisme subjectiu, i els que no han volgut entrar en un debat d'extrems, de crèduls, han quedat fora de joc. Ell sospita que ha fallat el debat públic, el que havíem de liderar els periodistes. El cert és que el procés català afecta tots els catalans, tant si pengen banderes del balcó com si els prenen per equidistants. I els periodistes hem d'intentar explicar què està passant ara i aquí. En aquesta presó de color vermell construïda enmig del no-res, durant tres sessions llargues que se m'han fet curtes, m'he assegut davant de Jordi Cuixart amb la informació a la mà i amb les emocions a flor de pell. I amb consells com els de l'admirat Josep Martí Gómez, que em va regalar una de les preguntes que surten a la conversa: «Jordi, i si un dia, quan sigui gran, el teu fill et diu que l'has enganyat?».

Entre glops de vi blanc, l'advocat Mateo Seguí em va assegurar que em seria difícil conèixer l'autèntic Jordi Cuixart, perquè dins la presó la gent tendeix a dir mentides, o a no dir tota la veritat. Jo no coneixia en Jordi d'abans, més enllà de la imatge pública que projectava com a president d'Òmnium, i no sabria dir si m'ha enganyat gaire, però la persona que he conegut en aquestes tres converses és diferent de la persona que esperava conèixer. És algú que riu i et fa riure, que et transmet l'energia del monitor d'esplai que mai no ha deixat de ser, que et rep amb gestos eufòrics i amb un somriure acollidor. Aquell dissabte de novembre que vaig anar a Lledoners a parlar per primer cop amb el líder empresonat em vaig sorprendre a mi mateixa saludant-lo amb més alegria de la que sentia. Però de seguida en Jordi —que és ben conscient de què toca fer a cada moment— va deixar de mirar-me i es va posar a cantar al seu fill *L'elefant del parc*. La visita només durava quaranta minuts i establir un vincle afectiu amb la criatura era prioritari. El nen se l'escoltava embadalit: el pare li cantava la seva cançó. Potser va ser llavors quan vaig entendre que sí, que em venia de gust conversar a fons amb aquest monitor d'esplai que ha acabat tancat a la presó.

GEMMA NIERGA
Gener del 2019

I

Qui és Jordi Cuixart

Lledoners, 23 de novembre de 2018

Gemma Nierga: La Txell m'ha dit que et digui que t'estima.

Jordi Cuixart: *(Rient.)* Sí? T'ho ha dit? És molt bo perquè ha fet que mig Catalunya em digui que m'estima. Tu, a la teva parella, li pots dir que l'estimes cada dia. Però jo no. Tenim sis trucades a la setmana de vuit minuts cadascuna (en tinc dues més que reservo per a la mare), i quan s'acaben, doncs s'han acabat. I llavors potser passen dos dies sense que pugui dir-li que l'estimo. A la Txell no li surt dir-me «T'estimo» a la cara. La seva manera de dir-m'ho és quan, carinyosament, em diu «xuleta». O diu: «Que "xuleta" que és l'Amat». Però, això sí, fa que mig Catalunya m'ho digui. I és així: mig Catalunya m'ha dit «T'estimo» de part de la Txell.

Gemma: Tu sí que ets més de dir «T'estimo».

Jordi: Sí, jo sí. Jo soc molt d'enamorar-me. Vull saber si tu també t'enamores, Gemma. Jo és que soc molt enamoradís! Però no pas enamoradís pel sexe, és una altra cosa. És que jo estimo molt. Molt. Penso tant en els presos de Soto..., però des d'un amor ingenu. Ingenu, no pas tonto. Abraço molt i deixo que m'abracin. És una actitud que dona joc a la vida i permet conèixer gent molt interessant. Gent que, sense aquesta actitud, ens passaria desapercebuda, passaria de llarg, però, de cop, t'enamora.

GEMMA: Tu ho diries de tu mateix, que ets ingenu?

JORDI: I tant. I a consciència. Prefereixo la ingenuïtat a consciència que no pas viure enganyat. Hi ha un noi, el Rubén, que fa divuit anys que és a la presó, només li funciona un braç i té una discapacitat important. El monitor de belles arts, el Kader, un català d'origen algerià i que és una persona sàvia, li ha ensenyat a pintar. El Rubén, que dibuixa i pinta aquarel·les i quadres a l'oli —me'n va regalar un—, és un cas clar de superació personal. I em va dir: «*Muchas gracias por ser tan natural*». Com es devia pensar que era quan vaig arribar? El Kader també és el meu professor de ceràmica.

GEMMA: Fas ceràmica?

JORDI: Sí, sí. Faig ceràmica i, alhora, escolto les lliçons de dibuix del Kader al Rubén... i jo també vull dibuixar. M'agrada el Miquel Barceló des del moment en què el vaig descobrir. Soc maldestre, però me'n surto. I penso que la condició humana, la cultura, la cultura entesa com a obra d'art, neix del dibuix. I quan dic al Kader que vull dibuixar, em diu «Sí, sí», però no diu res més, com si em volgués dir: «Tu estigues per *lo teu*».

GEMMA: T'agrada el dibuix?

JORDI: Mira, una senyoreta de segon d'EGB em va enviar una carta fa pocs dies amb un dibuix meu de l'any 1982. Un dibuix que li vaig dedicar i que no sap per què, però el va guardar. Quan vaig obrir la carta i el vaig veure, vaig pensar: «Mai més no tornaré a dibuixar així». I vaig començar a pensar: «Mai més no tornaré a veure la vida com un tio de quaranta-tres anys», «Mai més no em sentiré com el primer dia que ens vam conèixer». Una carta és un munt de paraules que viatgen adormides dins d'un sobre; quan l'obres, aquestes paraules surten, es desperten i són com un regal.

GEMMA: Per què vas pensar que mai més no faries un dibuix com aquell?

JORDI: En aquest dibuix hi ha una part molt important de la meva vida. Mira, el tinc aquí. *(Col·loca el dibuix contra el vidre.)* Tenia set anys quan el vaig fer. Vaig fer una foguera, amb un cotxe a la dreta que intenta ser l'R8 del meu pare. La foguera sembla un abric de pell, que embolcalla. Al capdamunt del foc hi ha un ninot: el cap és una bola de discoteca i el barret és com el d'un bruixot. Vaig fer l'intent de dibuixar una estrella al barret. (*Gira el dibuix i veig la dedicatòria que va fer a la mestra.)* «Rosa Maria, et dedico aquest dibuix de Sant Joan.»

GEMMA: Quina lletra tan bonica! I que bé que dibuixaves!...

Jordi: No, no. No soc gaire bo en res. I veure aquest dibuix em fa pensar que mai més no podré dibuixar com en aquell moment. Mai més no podré fer un dibuix com aquest, amb la ingenuïtat i la ignorància de la infantesa. Ara no podria. I recordo les ganes de vida que tenia el primer dia que vaig entrar a la presó. Hi vaig entrar estimant-me la vida. Mai més no ho tornaré a sentir com aquell dia. A Soto, quan hi vam arribar, un pres em va cridar: «Cuixart!» —o potser va cridar el Jordi Sànchez, perquè ens confonien... *(Riu.)*—; jo em vaig girar, i encara no sé si em va cridar «Sànchez» o «Cuixart», però em vaig girar igualment. I em va dir: *«Escríbelo todo, te va a ir de puta madre»*.

Gemma: I ho estàs escrivint?

Jordi: Tinc tres blocs escrits per davant i per darrere. Soc el Jaume de Vidre. El coneixes? És un conte de Gianni Rodari. Molt bonic. És un nen que és transparent, sembla de vidre, i se li veuen tots els pensaments. El nen creix, es torna un jove i després un home, i qualsevol pot llegir els seus pensaments i endevinar les seves respostes, quan li fan preguntes. Un dia arriba al poder un dictador i comença una etapa d'injustícies contra la gent. Tothom li té por i ningú no el contraria, per por de les represàlies, però el Jaume de Vidre no pot callar: els seus pensaments contra les injustícies del tirà els veu tothom, i això ajuda la gent a continuar endavant, a tenir esperança. Llavors el dictador tanca el Jaume de Vidre a la presó més fosca de totes i el que passa és que les parets de la cel·la on hi ha el Jaume engarjolat es tornen transparents. I després també les altres parets de la presó. I tothom continua veient els pensaments del Jaume de Vidre, que és més fort que el dictador, tot i estar tancat, perquè la veritat és més forta que qualsevol altra cosa.

Gemma: Tu et sents com el Jaume de Vidre?

Jordi: Sí, sí. Quan vaig entrar a la presó vaig veure que un funcionari tenia un dossier sobre mi, amb tota la meva vida. En lloc de frustrar-me, ho vaig positivitzar. I vaig pensar: «No tens res a amagar. Sigues com el Jaume de Vidre, que el que vegin sigui el que és». Hi ha dies de tot, hi ha dies del «*ceño fruncido*», com diria la meva mare, però la meva mirada sobre el món és positiva. Sempre he pensat que no soc egocentrista, però m'he currat l'autoestima. La felicitat depèn del domini d'un mateix. Ho he hagut de fer. Els meus pares m'han donat tendresa a la seva manera. I no els retrec res, al contrari. Des dels dotze anys ja treballava a la carnisseria... Antoni Beltrán, que és *coach*, fa vint-i-cinc anys em va dir: «La teva diferència amb els companys d'empresa és que a tu t'agradaria ser tan ben parit com t'imagines que ho és el teu millor amic». Per això vull ser bona persona.

Gemma: I l'has trobat, aquest amic? Te l'imagines?

Jordi: Jo soc el meu millor amic. No pensis que soc el Llanero Solitario...

GEMMA: Però no et pots fallar a tu mateix.

JORDI: És això. Amb vint-i-cinc anys vaig ser el gerent d'una empresa de prop de cent treballadors, perquè el propietari va creure en mi, suposo que per la meva energia i poca cosa més, però vaig haver d'acomiadar treballadors. I ho vaig passar molt malament. Gemma, jo tinc consciència de classe, soc fill de treballadors, i no fa pas gaire, abans d'entrar a la presó, un home em va dir: «El teu fill ja no serà fill de treballadors». O potser sí, vaig pensar jo, perquè soc empresari però també treballo.

GEMMA: Aquesta setmana he estat amb els teus pares, l'Antonio i la Maruja de Can Sagal. M'han dit que et digui que estan bé, que no pateixis. Que fan la seva vida, però que et tenen molt present. Ja s'hi van acostumant. Com els veus, els pares?

JORDI: Quan dormia entre el pare i la mare... *(S'emociona.)*

GEMMA: Quin record t'ha vingut al cap?

JORDI: Quan dormia amb el pare i la mare em sentia el tio més segur de la humanitat, el més fort del món, era capaç de navegar per mil oceans, de travessar murs.

GEMMA: Tenies molta por, de petit?

JORDI: Por no, el següent. Tenia pànic.

GEMMA: La teva mare em va explicar que quan es feia fosc et transformaves.

JORDI: Sí. De tanta por que tenia. Jo sempre pensava: «Quan sigui gran passaré les nits al Japó i després tornaré a Santa Perpètua. Així sempre seré en un lloc on serà de dia». Soc un apassionat del Japó. Faig ceràmica japonesa. El riu que passa per Tòquio, el riu Tama, llegit al revés és Amat, el nom d'un dels meus fills. Volia fugir de la foscor i, en canvi, ara la foscor és l'única cosa que em relaxa. La meditació em connecta a la Terra. Ara estic aquí amb tu, però si començo a meditar, tanco els ulls i em trobo amb la foscor, ja pot caure una bomba que jo no sentiria res. La foscor em dona fortalesa.

GEMMA: Però de què tenies por?

JORDI: No ho sé encara, tenia por que passés alguna cosa que no pogués controlar. Tenia por que tingués una rampa. De fet, m'inventava rampes a les cames i començava a cridar a mitja nit perquè els pares vinguessin a la meva habitació, era un drama...

GEMMA: La teva mare et va dur a una psicòloga de Sabadell. Que moderna la Maruja, per aquella època, no? Em va dir que volia saber per què no dormies. De fet, em va dir que no vas dormir fins als dotze anys.

JORDI: Vam canviar de casa. La primera nit vaig pujar al

segon pis de la casa nova i em vaig adormir. Tot i que aquella mateixa nit es va calar foc al Sindicat Agrícola de la carretera i vam haver de sortir de casa a mitja nit.

Gemma: Amb el canvi de casa va desaparèixer la por.

Jordi: La por només es passa passant-la. Vaig pujar al segon pis i m'hi vaig quedar a dormir sol perquè vaig reconèixer que tenia por. I en reconèixer la por, la superes. Els primers dies a Soto del Real hi havia por. Què passaria si proclamaven la independència? Pel que podria passar... Em va fer por estar al calabós. Però has d'acceptar que tens por per poder-la superar. Avui amb aquesta conversa, Gemma, estic superant les meves pors, entenc què em va passar.

Gemma: La teva mare és una dona forta, potent. El teu pare és més callat. Diu que no et pot visitar amb el vidre al mig.

Jordi: Els homes de la meva família són molt sentits. Les dones, en canvi, la meva mare, les meves germanes, la Txell, la meva sogra, les meves amigues, la Cris, l'Anna... —perquè tinc molt bons amics, però també moltes i molt bones amigues—, totes han afrontat la presó amb més enteresa. La Cris em deia: «Això havia de passar». En canvi, el pare de la Txell es bloquejava per telèfon! Doncs sí, en aquestes situacions més al límit es posen en valor qüestions de gènere: qui ha aguantat la humanitat són les dones. És veritat que la meva mare va patir una depressió...

GEMMA: Quan vas entrar a la presó?

JORDI: No, crec que va ser quan vaig néixer, i possiblement ja venia d'abans. Jo a casa sempre he vist la meva mare més preocupada que no pas alegre, no tenien una vida fàcil, van perdre el primer fill abans que nasqués la Neus i segur que això els va marcar inevitablement. Els pares formen part de tota una generació que semblava que el concepte de felicitat els era prohibit, aliè, reservat als rics. La societat té una assignatura pendent amb la gent que pateix depressió. Sembla que hagi de ser una vergonya dir que pateixes depressió. Sempre he admirat la capacitat de sacrifici de la mare. Una de les imatges més fortes que recordo és veure-la girant-se d'esquena al taulell de la carnisseria, amb les mans damunt la panxa, perquè hi tenia un mal insuportable, potser de la regla, no ho sé..., i tornant-se a girar, fer bona cara i dir: «Qui és ara?». Jo tenia vuit anys.

GEMMA: Vas néixer un dimarts i quan només tenies una setmana de vida la mare ja et deixava sota el taulell de la carnisseria, per poder tornar a treballar.

JORDI: Sí, treballava a Can Sagal, la carnisseria. I quan jo tenia dotze anys m'hi va fer anar a treballar els divendres a la tarda i els dissabtes. Allò, per a mi, va ser un regal. Quan arribava al pis del carrer de Genís Sala, un bloc de sis plantes, sabia si el meu pare havia arribat per l'olor de greix de la fàbrica. I sabia si la meva mare havia arribat per l'olor de sang de la carnisseria. Quan el president Mas em va venir a visitar al locutori, li vaig dir: «Els pares no tenien ideals, ni estaven polititzats»; potser va pensar que jo ho deia com un retret i de seguida em va dir: «Jordi, prou feina tenien a lluitar pels seus fills, la gent d'aquella època no tenien temps per pensar en gaires coses més; es preocupaven que als fills no els faltés res, dedicaven tot el temps i totes les energies a donar als fills uns bons estudis, a tirar-los endavant». Té tota la raó.

GEMMA: Com era la relació entre els teus pares?

JORDI: Jo escolto molt la gent. Observo molt. I el meu pare no li deia mai a la meva mare que l'estimava. I un dia vam tenir una enganxada. Li vaig dir: «Li has dit a la mama que l'estimes?». Eren unes relacions dures. Treballaven vint-i-quatre hores al dia. Arribaven a casa el cap de setmana rebentats... S'estimaven? Sí. Ara s'estimen com abans, però s'ho diuen més. La presó hi ha ajudat. És molt injust que els intentem jutjar, perquè ves a saber com va ser la seva relació amb els seus pares.

GEMMA: Tens dues germanes grans, la Neus i l'Esther.

JORDI: L'Esther és del 1970, i jo, del 1975. La Neus, del 1967. Totes dues són excepcionals, però amb l'Esther ens hem retrobat des que soc a la presó, ens hem (re)conegut. Bé, ella m'ha conegut a mi. Hi ha un punt potser d'idealització mútua. Em diu: «No sabíem qui eres». Però jo soc el mateix. Soc el mateix que cada diumenge, a l'hora del dinar familiar, m'he assegut en un extrem de la taula envoltat dels més petits de la família, sempre amb el meu nebot Pol a prop, intentant passar desapercebut. A la reunió de la fàbrica, ja sé on m'he de posar per gestionar la reunió: al mig. S'han de vendre màquines i sé què he de fer. Però a casa... La Cris sempre em deia: «Quan vaig a casa teva, sembla que els teus pares et prenguin per tonto». El meu pare patia per si els clients em prenien el pèl. Amb la Neus ens portem vuit anys. És una dona molt pragmàtica.

Gemma: Els teus pares em van dir que de petit no tenies fusta de líder.

Jordi: Però a cinquè d'EGB, quan tenia deu anys, tot va canviar.

Gemma: Per què?

Jordi: Perquè tota la meva colleta d'amics em van girar l'esquena. Sense cap motiu aparent, ja sabem com de cruels poden ser els infants. Això passa a tot arreu. Era del grup dels més populars, jo. Em van fer una espècie de complot i de cop i volta em vaig veure més sol que la una.

Gemma: Què va passar?

Jordi: Un dia al mig de classe, em van dir: «No serem amics teus mai més. No ens caus bé».

GEMMA: Així t'ho van dir?

JORDI: Sí. I jo vaig pensar: «Jordi, ja cal que t'espavilis, has de ser el protagonista de la teva història. Viu la vida per a tu. Seràs tu i les teves circumstàncies. Has de buscar nous amics o et quedaràs sol». I llavors vaig renéixer de les cendres. Així que vaig anar a parlar amb un dels que sempre anava sol i vam començar a fer una nova colleta. Fèiem llistes dels més gamberros de la classe, ens vam fer dir els Papirus..., i els que abans eren els més populars ja volien tornar a ser amics nostres. I vam convertir el grup dels no tan populars en el grup dels més populars.

GEMMA: I com era aquest grup?

JORDI: Eren d'entorns catalanoparlants, però els fills eren de parelles mixtes. Els nens del curs superior i de l'inferior eren més catalanets, però nosaltres, a la nostra classe, érem més xarnegos. Estàvem barrejats. I això no és menor. De fet, alguns d'ells són encara de la colla d'amics de tota la vida. Això també em va anar molt bé per a l'FP a Sabadell, a l'Escola Industrial. Els meus pares sempre han parlat castellà entre ells, però parlen en català si hi ha convidats.

GEMMA: La teva mare és de Múrcia.

JORDI: La meva mare va néixer a Múrcia i va venir aquí de molt petita. Tenia quatre o cinc anys. Van arribar al carrer de Badalona, el mateix carrer on vivia Manolo Escobar, i menjaven *migas*, *tomate de la huerta*, *chistorra*, *morcilla*... Des de petit això ho vaig viure amb molta espontaneïtat, que a casa fóssim barrejadets.

Gemma: És veritat que davant meu els teus pares parlaven en català.

Jordi: A casa meva tothom es parla en castellà. Totes les parelles entre elles es parlen en castellà. Volen fer pensar que hi ha conflicte lingüístic, però no hi és. L'Esther i la seva parella, la Rosario, parlen en castellà. La Neus i el Leiva també parlen en castellà. I els meus cosins entre ells, també. En canvi, jo ja neixo l'any 1975 i tothom ja comença a parlar-me en català. Entre ells es parlen en castellà, però a mi em parlen en català. Recordo que de petit jo ho observava i pensava: «Jo vull ser gran per poder parlar en castellà com ells, també!».

Gemma: L'Esther em va dir que a casa no eren de parlar de política.

Jordi: No, només teníem una senyera darrere la porta.

Gemma: I es preguntaven: «El Jordi d'on ha sortit?». Perquè d'adolescent ja estaves amb el tiet, el germà de la teva mare...

Jordi: El tiet Navarro de Santiga! El tiet Pepe es va fer

canviar el nom, se'l va catalanitzar, i va passar a ser el Josep Navarro.

Gemma: Tenia una llibreria a Santa Perpètua. Va fundar la secció local d'Esquerra quan tu tenies catorze anys.

Jordi: I abans anava amb gent del PSUC, era molt catalanista. A mi em revoltava molt que nois de la meva edat ens cridessin «catalanufos». Ho trobava injust, em generava com molta contradicció.

Gemma: Quina gent us ho deia?

Jordi: Eren coses de canalla. Anàvem a l'escola del centre del poble, que era molt popular, tot i que era concertada, i gairebé tot es feia en català. Alguns xavals dels altres col·legis ens ho deien. Jo també soc castellà. Soc català i soc castellà. Jo també volia ser castellà, sempre he volgut ser normal. Però és que no hi ha ni catalans ni castellans. Som ciutadans de Catalunya. I que cadascú sigui el que vulgui. Quan ens deien «catalanufos», la meva reacció era: «Però si jo també parlo castellà!». El tiet Navarro i la tieta Tere, tan catalanistes ells, parlaven en castellà. Cada any el tiet Navarro organitzava la Festa de l'Arbre. Hi homenatjaven un poeta: Salvador Espriu, Miquel Martí i Pol, Pere Quart, Vicent Andrés Estellés... I tothom hi anava. La meva tieta preparava una paella boníssima! Segurament, era boníssima perquè ens la menjàvem a les cinc de la tarda al pati de la rectoria de l'antiga ermita on vivia el tiet.

Aquesta gent tenia ganes de cultura, una cultura catalana mestissa.

GEMMA: I de vacances, on anàveu?

JORDI: Nosaltres no fèiem vacances. No hi havia el concepte de les extraescolars, no existia. Allò d'anar a futbol després de classe no hi era. La meva mare els dissabtes treballava fins a les quatre de la tarda. Els diumenges feien el que podien, i dilluns, sant tornem-hi. La carnisseria ho vol dir tot per a mi. Ho és tot per a la meva vida. Allà va començar tot. Quan va morir el Martí...

GEMMA: La teva mare va dir: «Quan van matar el Martí...». No en va voler parlar gaire.

JORDI: Va ser un accident. Un autocar se li va tirar a sobre. Portava un jeep Willys. Era en un encreuament, el semàfor no funcionava... i l'autocar se li va tirar a sobre. El Martí em feia de pare. Em va regalar la meva primera bicicleta. Era el fill dels amos de Can Sagal. Però jo no sé quan vaig tenir consciència que Can Sagal no era nostre, no sé quan ho vaig començar a entendre. La meva mare treballava allà, nosaltres hi érem cada dia... El senyor Ramon i la senyora Quimeta eren com els avis. I els seus fills, el Martí i el Joan, eren com els tiets o com els pares. Eren gent que tenien autoritat, autoritat sobre mi, vull dir.

GEMMA: Que et podien dir què estava bé i què no. Que et renyaven.

JORDI: Sí, i tant! Era com una comuna hippy però a l'antiga. Amb el meu pare també es portaven molt bé.

En aquest moment Joaquim Forn passa per darrere del locutori de Jordi Cuixart, obre la porta i hi entra. Ens saluda. A mi, a través del vidre. Agafa el telèfon i parlem. I alesshores veig Antoni Bassas al locutori del costat. Surt i ve cap al meu locutori. Entra, ens abracem. Se saluda amb Jordi Cuixart i amb Quim Forn. Tots quatre parlem un moment. Antoni Bassas dona records a Jordi Cuixart de part de les seves germanes. Forn i Bassas surten dels locutoris i se'n van als seus. Ens diem adeu amb petons a l'aire.

JORDI: Això és molt bonic. La gent s'estima tant! La presó ha estat dura per al país, robo temps al meu fill..., però molts no ens hauríem conegut si no fos per la presó. Avui tots plegats ens coneixem més, ens diem «T'estimo» molt més que abans. En Bassas no coneixeria les meves germanes... I ve i em dona records de part d'elles! Tornem a Can Sagal. Era la carnisseria on treballava la meva mare amb la senyora Quimeta. La meva mare portava el negoci com si en fos la mestressa. Feia la feina que ara en dirien de gerent. I s'ho prenia tot molt seriosament, donava molta importància a la carnisseria, perquè per a ella era molt important l'estabilitat a la feina. Els amos de la carnisseria eren part de la família. De fet, la senyora Quimeta, que encara viu, segueix sent com l'àvia que mai no vaig conèixer.

GEMMA: La mare era la que mantenia la família?

JORDI: Econòmicament no ho crec pas. Quan vaig saber el que cobrava i que la botiga no era seva però que es feia un tip de treballar-hi, vaig tenir clar que tard o d'hora muntaria la meva pròpia empresa. Quan tenia dotze o tretze anys, vaig entendre que la carnisseria no era nostra i jo li vaig preguntar: «Si no és nostra, per què el Martí i el Joan —els fills dels amos— marxen abans i nosaltres ens hem de quedar aquí fins al final?». I ella em va contestar: «Jo treballo aquí. De fet, ja ens fan un bon favor deixant que tu i les teves germanes pugueu venir aquí a treballar». Eren uns altres temps.

GEMMA: Hi treballàveu tots?

JORDI: La meva mare volia que anéssim a la carnisseria perquè no volia que estiguéssim al carrer. Amb deu o onze anys jo feia canelons, mandonguilles, hamburgueses... Les hamburgueses les vaig començar a fer quan va morir el Martí. Es deia Martí Vilardebó Rius, tenia trenta-tres anys. S'havia casat amb una anglesa molt interessant. Era el modern. Ens feia de pare a mi i a l'Esther, i a mi em deia «Charlie»: «Charlie, vine cap aquí», «Charlie, fes això», «Charlie, fes allò»... El veia molt polifacètic i sempre volia anar amb ell. Em deixava pujar als seus cotxes de mil marques diferents...

El meu pare es passava el dia pencant a la fàbrica i no podia fer res, i amb el Martí, bo i treballant, m'ho passava bé. Quan es va morir, va ser com si s'hagués mort el meu pare. Se'm va morir el pare que no era el pare, però va ser molt dur per a tots els de casa, també per al meu pare.

GEMMA: La teva mare em va explicar que, quan es va morir el Martí, tenies una moneda de cinc-centes pessetes que no et volies gastar, que ell t'havia donat...

JORDI: El Martí em pagava una setmanada de cinc monedes de cent pessetes. Cada dissabte, quan passava caixa, em pagava. Em passava hores passant l'aspiradora per la catifa. Les catifes de les carnisseries són molt punyeteres i s'han de netejar bé. I això em feia fer, però després el tio pagava bé per l'època! Em donava cinc-centes pessetes cada setmana. I jo, des del minut zero, ho donava tot a la meva mare. I llavors, un dissabte, el Martí es va morir. Aquell dia m'havia dit: «Avui, Jordi, hi ha premi. Bufa, bufa!». I em va fer bufar al seu puny tancat, llavors el va obrir i em va donar una moneda de cinc-centes pessetes; se'n veien molt poques aleshores. Aquell va ser l'últim contacte que hi vaig tenir, va ser l'última conversa amb el Martí. Quan va morir, vaig anar al moneder de la meva mare i en vaig agafar la moneda de cinc-centes pessetes que m'havia donat el Martí; encara deu ser a casa dels pares, de record.

GEMMA: Els teus pares treballaven moltes hores al dia.

Jordi: Tots necessitem molt més amor del que mereixem, i és possible que aleshores jo cregués que els pares no em donaven prou amor. Ara veig que és del tot injustificat. Jo sempre demanava a la meva mare que em fes l'últim petó abans d'anar a dormir. Ella arribava a casa a les nou de la nit i jo li demanava que em fes el petó abans d'anar a dormir. I, a més, no volia dormir sol. I no menjava gairebé res, ni embotits, ni menjars gaire sofisticats. Ella es preocupava. És que intento menjar vegetarià.

Gemma: I aquí a la presó pots ser vegetarià?

Jordi: No soc radical. Si un dia he de menjar bistec, doncs en menjo. De quan era petit, a la carnisseria, recordo els Mielitos, que eren com els Kellogg's d'ara però tots de mel, que anaven malament per a tot, per a les dents, per a tot. I ara n'he tornat a menjar després de quaranta anys. La meva mare estava desesperada perquè no menjava res, era un llepafils. Un dia ho va explicar en una reunió de pares.

Gemma: Saps què em va dir la teva mare? Que no et digués que m'havia dit que tenies por, perquè el dia que va explicar a l'escola que no dormies t'havies enfadat molt.

Jordi: Llavors feia segon d'EGB, he crescut una mica... Això vol dir que em cuidaven. La meva mare sempre diu: «El meu pobre Jordi». Creu que m'ha de protegir.

Gemma: La teva mare cada diumenge procura reunir la

família. Diu que el darrer any abans de la presó hi anaves poc, que la presidència d'Òmnium t'absorbia molt. I que et va preguntar: «Vols dir que això d'Òmnium no et portarà problemes?». Però que tu li vas respondre que no era política, sinó cultura. Jo li vaig demanar per què pensava que Òmnium et portaria problemes i ella em va dir: «Perquè venia acompanyat a dinar».

Jordi: Ens havia passat alguna coseta. Res greu, però alguna coseta, i hi anava amb escortes. Ho va patir molt. La veritat és que no em vull morir, eh, però ara mateix em podria morir, perquè he viscut una vida tan plena, tan bèstia. He estat tan afortunat. La meva mare ho entén, però... Són el perfil de pares que ho fan tot perquè els fills no pateixin, però per això pateixen. Pateixen perquè jo no pateixi i no volen que jo pateixi perquè sé que ells pateixen i llavors pateixen pensant que jo pateixo perquè penso que ells pateixen perquè jo pateixo, com un joc de paraules... Mare, jo per tu no pateixo. Et desitjo una jubilació de puta mare. Que puguis gaudir ara per tots els anys que vas treballar tant i tant. La meva mare em protegia molt. Per exemple, no volia que marxés de la primera feina. Coneixes la cançó de Mikel Laboa?

Gemma: Sí, la de l'ocell que hauria deixat de ser ocell si li haguessin tallat les ales.

Jordi: Doncs la meva mare està enamorada del Jordi que vola. Del Jordi que no vol anar a la mili. Si em volgués treure les arracades, em diria que no ho fes! Segur. Em vol protegir, però si no tingués ales, trobaria a faltar el Jordi que ella coneix, el Jordi que estima. Jo, quan m'abraço a la meva mare, tot m'és igual. La meva mare és una progre frustrada. I sí, a casa hi havia masclisme, com a la immensa majoria de les llars encara avui. Una vegada va dir: «No sé si hauria tingut tres fills». I bé, el meu pare... *(Fa una pausa.)*

Gemma: Què?

Jordi: La meva àvia va quedar mig invàlida quan ell va néixer. I això l'ha marcat tota la vida. Amb ell hem trobat un punt... Quan vaig entrar a la presó, li vaig dir: «O et cuides i esperes que surti de la presó o no farem cap més Nadal junts». I sí, s'ha començat a cuidar. Ha canviat tant...

Gemma: L'Esther em va dir que abans no havia tingut cap conversa profunda amb tu, però que des que ets a la presó parleu molt per carta. De fet, tot sovint em deia: «El Jordi en una carta em diu això», «El Jordi en una carta em diu allò»...

Jordi: Ara parlem molt. Per carta. Li explico les meves il·lusions, les meves ambicions, les meves petites *xuleries*. Li explico els moments en què estic perdut. Li explico com supero les pors. Això que diré ara no és meu, algú altre ho ha explicat abans: quan mires un arbre, què hi veus? Ho veus tot? Hi veus les fulles, les branques, el tronc, però ningú no hi veu les arrels. Les arrels. La presó m'ha anat bé per reafirmar-me en les arrels. Pel que fa al tema de la identitat..., soc una barreja d'identitats. De vegades pot semblar que vaig en contra de mi mateix, però navego bé entre les contradiccions.

GEMMA: Però el moviment independentista té a veure amb la identitat. M'explicaves que parlaves català i et deien «catalanufo», i que això et feia sentir malament. I també hi ha gent que renega del castellà...

JORDI: Si posem molt en valor el que fa una minoria, els donem poder. Quan a mi em perseguien pel carrer de petit i em cridaven «*¡Te vamos a pegar!*», una cosa que ha passat sempre a tots els pobles, sempre marxava corrent. Fins que un dia, a cinquè d'EGB, em vaig girar i vaig dir: «Què passa?». Un dels que em perseguien, en Sergio, m'ha escrit fa poc una carta (i la signa com a «Sergi») i m'explica que vol que el seu fill visqui amb normalitat, que parli català. Espero que no renunciï al castellà. Jo no em canviaria el nom. El meu anhel de llibertat va molt més enllà de la independència de Catalunya. Em rebel·lo també per altres coses. Per exemple, em rebel·laria que la meva germana Esther, que és lesbiana, no pogués adoptar dos fills. A mi la independència de canvis de banderes no m'interessa. Tinc cada dia més al·lèrgia a les banderes.

GEMMA: Cap bandera no et representa?

JORDI: No hi ha cap bandera que em representi. I no ho dic

de rotllo *happy flower*. Tot és molt més complex que una bandera. A mi el concepte identitari no m'interessa. Tinc quaranta-tres anys. Soc fill d'una murciana i d'un badaloní, i si em van parlar en català és perquè la murciana va dir al badaloní: «*Si ya se ha muerto Franco, hablémosle en catalán. Y le vamos a llamar Jordi*». Sí que em vaig crear una identitat: amb el tiet Navarro; em deien «catalanufo»; soc fill d'obrers; era un desastre amb els estudis; vaig treballar a la carnisseria; a vuitè d'EGB vaig a rentar cotxes amb els gitanos; me'n vaig a fer FP; li dic a la meva mare: «Mama, jo a l'escola pública, eh?»; vaig a l'Escola Industrial de Sabadell i els meus amics fan BUP i COU, que és on anaven els de les escoles catalanetes, mentre que a l'Escola Industrial els companys m'explicaven que tenien els germans a la presó... Hi havia el Chuberry, el Repite, el Víctor...; tenia professors amb idees llibertàries; he tingut de referents empresaris com Cendrós, Carulla, Riera, Vallvé..., que van fundar Òmnium Cultural... Els companys que tenia a l'escola i a l'FP, fills d'obrers, me'ls estimava molt. Això meu no pot ser identitari.

GEMMA: Parlem de les nòvies. El teu amic Joan Marc Flores diu: «Les noies se les enduia ell; parlant les enamorava». Les lluites, compartides; però les noies, no.

JORDI: Ui, no, no és pas veritat. Se les emportava totes ell.

GEMMA: Però ell em va dir que no, que te les emportaves tu. Que has tingut molt èxit amb les noies.

Jordi: M'ho he hagut de currar. No soc hàbil. Fa vuit o nou anys em vaig aprimar una mica i em va començar a anar més bé; no és que abans fos un botifarró, però després d'aprimar-me estava millor, més arregladet. M'ho he hagut de currar molt. Amb l'Anna ens vam casar al Canigó. La Cris va ser la primera dona amb qui vaig anar a viure quan vaig marxar de casa.

Gemma: Amb vint-i-dos anys. I com vas decidir marxar?

Jordi: No és que em fessin fora de casa, però la meva mare em va dir: «Jordi, ara que a l'empresa tens un bon sou...».

Gemma: La teva mare et va convidar a marxar de casa. Per què?

Jordi: Sí, sí, em va convidar a marxar. Teníem moments difícils amb el meu pare, típic d'una adolescència que s'allargava... Vaig comprar un pis i hi vam acabar anant a viure amb la Cris. De fet, estàvem al banc amb el director signant la hipoteca, que no era gaire gran, uns seixanta mil euros, i el director em va dir: «Al final, hi he posat els teus pares com a avaladors, per si passa alguna cosa». I jo em vaig empipar molt i vaig dir: «No, no, de cap manera!». Abans els directors de banc eren gent important. Als pobles hi havia els directors de banc i els capellans, eren tota una institució, tothom els feia cas.

Gemma: La mare et va dir que marxessis perquè t'enganxaves amb el teu pare?

Jordi: Tenia un caràcter molt fort. I jo m'hi enfrontava. M'hi encarava. No ho hauria hagut de fer. Que aquesta dona havia parit tres fills! Sí, m'hi ficava...

Gemma: Són homes d'una altra època.

Jordi: Sí. A mi les injustícies em revolten. Per això m'ho passo tan bé a la presó.

Gemma: Perquè ajudes els altres presos.

Jordi: Sí, si puc, sí.

Gemma: Com intentaves ajudar la teva mare.

Jordi: Jo veia que el que passava era una injustícia. Però sempre he intentat entendre les situacions que m'han tocat viure. Quan després del túnel de rentat vaig anar a treballar a la carnisseria i el Martí es va morir, vaig heretar les seves tasques, vaig començar a fer hamburgueses. Jo encara era un nen, i em vaig autoimposar de fer la seva feina.

Gemma: I amb vint-i-dos anys te'n vas anar de casa.

Jordi: Sí, vaig entendre que havia de marxar. De tant en tant ens toca canviar d'escenari. Va ser com quan, més endavant, anava a l'Iranzo a Barcelona a tallar-me els cabells. Tenia vint-i-cinc anys i era gerent d'una empresa de renom. I em tallava ell els cabells —era perruquer de persones famoses—, però quan vaig deixar l'empresa i vaig muntar la meva, aleshores em va dir que ja no em tallaria més els cabells ell, que quan hi anés me'ls tallaria algú altre de la perruqueria, com si hagués perdut estatus.

Gemma: Com és que anaves a l'Iranzo a tallar-te els cabells? No em lliga...

Jordi: Entrava en els avantatges de l'empresa. Ell feia també com d'una espècie d'assessor. Formava part del paquet de ser el gerent de l'empresa. Però he descobert que a mi em donen més força la perruquera de sota casa o l'Alexis, que és el perruquer que tinc ara, que no pas l'Iranzo. Per cert, l'Esther m'ha dit que no vagi a Madrid amb aquests cabells que porto ara.

Gemma: Per què?

Jordi: Diu que no em queda bé aquest tallat. Que m'esperi que em creixin perquè ara no estic guapo.

Gemma: I qui et talla els cabells? Com ho feu? Hi ha perruqueria?

Jordi: No, no n'hi ha. Me'ls talla un pres. A mi sempre m'ha agradat l'estètica del David Bowie i d'*El último mohicano*. *(Es toca els cabells i riu.)*

GEMMA: Una mica Daniel-Day Lewis sí que sembles, sí. *(Riem tots dos.)*

JORDI: A l'Escola Industrial vaig abraçar l'estètica punk. Tenia amics que duien pantalons ajustats i tenien aquella actitud de què-et-penses-que-fas-amb-nosaltres que em molava molt. I aquesta estètica m'ha quedat. Només em penedeixo de no haver portat mai cresta...

GEMMA: Com vas conèixer la Cris?

JORDI: Estàvem junts a l'esplai. Vaig ser monitor d'esplai durant deu anys. Quan tenia setze anys la meva mare va demanar a un empresari del poble, no, a la seva dona, diria, si em podia donar feina a la fàbrica de maquinària. Li va demanar que li digués al seu marit si se'm podia emportar al taller. Llavors vaig marxar de la carnisseria i me'n vaig anar a treballar allà. Havia d'escombrar el taller de la fàbrica. I jo pensava: «M'ho passaré bé!». Em pensava que treballaria amb les màquines, però llavors em van donar l'escombra i em van dir: «Comença per aquí, per aquesta punta, i acaba allà, a l'altra punta». I jo vaig preguntar: «I quan acabi, què faig?». I em van dir: «Quan acabis, tornes a començar». I llavors vaig pensar: «On m'he fotut?». I va ser com quan els amics de l'escola em van girar l'esquena... Havia de fer alguna cosa per canviar aquella situació. I vaig renéixer de les cendres.

GEMMA: Què vas fer?

JORDI: Vaig pensar que volia treballar muntant les màquines. Per tant, vaig demanar què havia de fer per fer-me mecànic. I vaig canviar de FP: vaig passar a fer FP de mecànica. Però al cap d'un any de remenar cargols, ja n'estava cansat, i em mirava la gent de les oficines: allà fumaven, es relacionaven els uns amb els altres; era una festa... I llavors vaig tornar a canviar de FP i em vaig fer delineant.

GEMMA: Vas anar canviant de FP. I no et sap greu no haver anat a la universitat?

JORDI: Sí que em sap greu. Mira, no he fet mai d'alumne a la universitat. Però sí que hi he fet classes. Vaig fer classes en un màster. Però tots els diners que guanyava els donava a la universitat. Mai no he acceptat diner públic. Fins i tot quan vaig sortir en una sèrie de TV3, no vaig acceptar els diners.

GEMMA: Vas sortir en una sèrie? En quina?

JORDI: Em sembla que es titulava *Secrets de família*.

GEMMA: I quin paper hi feies?

JORDI: Res, un paper petit. De figurant. Però pagaven molt bé.

Gemma: Però per què no volies els diners? Eren a canvi de feina.

Jordi: Els vaig donar. Sempre he tingut molta al·lèrgia al diner públic. Quan l'any 2010 el 40 % del finançament d'Òmnium Cultural era públic, vaig anar a veure el president Mas i li vaig dir que prou, que allò no podia ser, que si tancaven ambulatoris, no podíem funcionar amb diners públics. Ell hi va estar d'acord. I tothom se'm va tirar a sobre. Només hi va haver una persona que no hi va estar en contra.

Gemma: Qui?

Jordi: La Muriel Casals. Ella no hi va estar en contra. I li vaig dir: «Deixem els diners públics i financem-nos d'una altra manera. Farem que Òmnium passi dels vint-i-cinc mil socis que té ara a seixanta mil». I això és el que vam fer. Avui ja som cent trenta-cinc mil i ens financem només amb les quotes dels socis.

La conversa s'atura una estona perquè entra un funcionari a donar-li un paper. Ho aprofito per tornar al tema personal.

Gemma: Veig que et portes bé amb les exnòvies. L'Anna, la Cristina... totes t'estimen molt.

Jordi: No he renunciat mai a les pàgines de les altres nòvies. La Maite, de quan tenia dotze anys; després la Laura, que ens hem reconciliat a la presó; la Cris, que és la padrina de l'Amat; l'Anna... Penso molt en l'Uri i el Pol, els meus fills amb l'Anna, que no eren fills meus, però com si ho fossin. I sempre he tingut relacions de força fidelitat.

Gemma: I no estan geloses les unes de les altres?

Jordi: Seria un drama! Una persona que estigui amb mi i sigui gelosa... seria un drama!

Gemma: I tu? Has estat mai gelós d'algú altre?

Jordi: De la Txell, al principi... És una bèstia parda, la Txell. És tota força bruta: si calgués, faria caure aquest vidre a cops de cap. És que al principi no em necessitava per a res, la tia. Sí, ho sé, ho sé, pot semblar una actitud masclista. Però és que pensava: «Passa de mi, no em truca... Que em truqui, home, que em truqui!». Però ella deia: «Si vols alguna cosa, ja vindràs». I a mi aquesta actitud m'encantava!

Gemma: Et va fer patir una mica i així et va enamorar... Us vau conèixer a dalt de l'escenari, durant un acte d'Òmnium. Ella n'era la presentadora.

Jordi: Tenia un coratge, allà dalt. Tots li volien fer la gracieta, però ella se'ls menjava a tots amb patates rosses. No m'agrada el caràcter descregut com a país, com a col·lectiu, però sí com a persona.

Gemma: Què vols dir amb «caràcter descregut com a país»?

Jordi: No hauríem de ser tan descreguts. Hauríem de ser més coherents. Aquest país té molts èxits col·lectius. Visc aquesta situació amb desesperació, perquè tenim grans consensos sobre temes importants: no ens podem llançar la llengua pel cap, perquè aquest és un èxit col·lectiu. No som capaços de creure que ho podem fer...

Gemma: La Txell em va explicar que de tu la va enamorar la valentia, que no tenies por de viure la vida en plenitud. I a tu, què et va enamorar de la Txell?

Jordi: Primer, físicament em torna boig. M'agrada molt.

Gemma: És molt guapa.

Jordi: I és superinteressant. És una dona genial.

Gemma: I és dura, també.

Jordi: Molt dura. És el Jaume de Vidre, no s'amaga del que pensa. I això està fent que tot sigui molt fàcil. La veig tan forta que sé que, encara que no puguem estar junts, tot anirà bé. Tenim la capacitat de dirigir el focus cap al llarg termini. D'aquí a deu anys, per exemple. A l'empresa, podia dir: «D'aquí a deu anys farem beneficis», i era així. O bé a l'Anna, quan teníem els problemes amb els fills, li deia: «D'aquí a deu anys ens en sortirem». Sempre he funcionat amb un termini de deu anys. I ara penso: «D'aquí a deu anys, quan surti de la presó, o d'aquí a vuit, o d'aquí a quinze...». Mai no he funcionat amb el curt termini. Cada segon que visc soc feliç i no projecto endavant (no penso «Quan l'Amat acabi l'escola...»), però quan tinc una situació complicada, un problema, quan estic enmig de l'adversitat, em situo en un termini de deu anys i intento imaginar-me com estaré llavors, amb la situació adversa resolta o en una altra fase, però no com en el present. Dic a l'Esther: «D'aquí a deu anys, quan surti de la presó...», i així l'allibero, a ella i a tota la família, també, de l'angoixa de pensar que soc a la presó.

Gemma: Als fills de l'Anna els feies de pare.

Jordi: Els vaig fer de pare, sí. El seu pare es va morir d'un càncer fulminant quan tenien vuit i deu anys. Amb l'Anna ens portem nou anys i ens vam conèixer perquè era amiga dels meus cosins...

Gemma: Qui és més gran? Tu o ella?

Jordi: Ella, ella. És una tia molt emotiva! Ens vam ben embolicar. La Cris era allà quan estava amb l'Anna, quan teníem els problemes que vam tenir amb l'adolescència dels fills. De fet, amb la Cris sempre hem tingut molta sinceritat.

Gemma: Si us portàveu tan bé amb la Cris, per què ho vau deixar?

Jordi: Amb la Cris ho vaig deixar jo oficialment, però va ser cosa de tots dos, érem molt joves. S'havia apagat la flama. Ens relacionem molt bé. Ens emborratxem junts... La meva relació amb l'alcohol...

Gemma: Hi tens algun problema?

Jordi: No és un problema. Mai no hi he tingut cap problema. Però he d'anar amb compte. He de vigilar. Em conec. Jo no em puc drogar, no puc, perquè sé que m'hi enganxaria.

Gemma: La Cris em va explicar que, quan havies d'entrar a la presó, us vau trobar a Caldes i vau fer un comiat junts. I que et va dir: «Beu-te les cerveses que vulguis i ja pots anar a Soto del Real».

Jordi: Sí, primer estàvem tots junts. La Txell i l'Amat van marxar, i ens vam quedar la Cris i jo amb un bon amic d'ella i una parella molt maca que no coneixia. *(S'emociona i plora.)* No em podia acomiadar d'aquella etapa si no era amb la Cris. Que màgic que va ser! Estava a punt d'entrar a la presó i el camí el feia amb la Cris! És que la Cris ho ha aguantat tot i hi ha estat sempre. Jo també, eh?, jo també ho he aguantat tot. Ens ho hem aguantat tot. Ens fèiem companyia com si fóssim dos vellets. I sí, vaig escollir acomiadar-me amb la Cris: parlant, rient, bevent, fumant... Mai més no he fumat des d'aquell dia. La Txell i la Cris s'estimen molt; de fet, és la padrina de l'Amat, amb el Dimas, la parella de la Txell de quan eren jovenets.

Gemma: Abans sí que fumaves?

Jordi: Sí, quatre o cinc cigarrets al dia.

Gemma: Amb això que dius de l'alcohol, de vigilar de no passar-te perquè podria suposar un problema, t'entenc perfectament. Crec que hi ha molta gent que s'identifica amb aquesta situació.

Jordi: L'alcohol no m'ha portat mai problemes a la vida. Però sí que és veritat que ets al bar, et beus dues cerveses i desplegues tota l'artilleria. I el tio que hi ha allà baix, a l'altra punta del local, sap que aquí hi ha el Jordi Cuixart. L'alcohol desinhibeix, ho fa fàcil, això és una realitat, i segur que molta gent s'hi reconeix.

Gemma: Has fumat porros? Quan eres jove?

Jordi: Sí, però ho vaig controlar. Vaig veure gent molt tocada i això també em va ajudar a no caure-hi. Alguns dels meus amics van tenir problemes amb les drogues, també familiars molt propers, i això et marca per a tota la vida. El meu gran Vietnam, Gemma, no ha estat la presó, sinó veure nois de catorze anys que es morien en vida per culpa de les drogues, que havien d'anar a centres a desintoxicar-se. He vist moltes coses, he hagut de tractar amb camells, he vist gent molt tocada, com la merda de la droga pot fer volar pels aires una família, la feina, els fills, els avis, tot vola pels aires... He après que per por no pots renunciar a lluitar, no pots renunciar a les teves lluites. Van ser anys molt durs. Va ser una etapa de creixement brutal. I la Cris era allà. La Cris em deia: «Has triat aquesta situació. Has d'afrontar-ho». La Cris et parla d'una manera descarnada, et fa mirar la realitat de cara. És filla d'un exvotant socialista, de l'època de Felipe González, un obrer d'origen manxec amb molta capacitat de sacrifici, un referent d'home. Ella era també simpatitzant socialista i jo hi empatitzava, i tots dos vam compartir la lluita contra les polítiques dels primers governs de l'Aznar i el PP.

GEMMA: Veig que tu, a les noies, les deixes.

JORDI: No, dona, jo soc d'afrontar la realitat. Crec que sé quan l'altre membre de la parella deixa que el tema degeneri. Me n'adono de seguida. I sempre afronto la realitat. Sé que hi ha gent que prefereix no afrontar-la, però jo sí. És difícil dir qui deixa a qui. Dubto que mai més torni a estimar ningú de la manera que he estimat cada companya amb qui he viscut. És com el dibuix de segon d'EGB. No tornaré a fer un dibuix com aquell. És com el primer petó amb la Maite, la primera nòvia. L'estimo molt, la Maite. Tothom la volia! I aquell petó el recordaré sempre, però mai més no faré un petó com aquell, mai més no faré petons com els que em feia amb la Maite.

GEMMA: Per què ho vau deixar amb l'Anna?

JORDI: Fa tres anys, és difícil de respondre, tot és encara massa recent. Havia d'entrar lleuger d'equipatge a la presó.

Gemma: Fa tres anys? Un moment... Aquí hi ha alguna cosa que no acabo d'entendre. Ho vau deixar amb l'Anna fa tres anys, el 2015, perquè llavors ja sabies que entraries a la presó?

Jordi: En aquell moment ja tenia decidit que volia dedicar una part important de la meva vida al projecte que representa Òmnium i sabia que podia acabar entrant a la presó. Intuïa que la presó podia ser una realitat a la meva vida. En alguns poemes que escrivia de jove la presó ja hi apareixia de manera reiterada. A les presons no hi ha Nadal, ni Sant Esteve, ni Cap d'Any, ni aniversaris...

Gemma: Ho vau deixar amb l'Anna per si entraves a la presó, però sis mesos abans que hi entressis va néixer l'Amat... Vas conèixer la Txell i vau tenir l'Amat. No és una contradicció?

Jordi: El Joan Marc va dir en una entrevista que era des de jove que m'hi estava preparant. L'Amat neix com un regal. De vegades les coses són com són perquè han de ser així. Les coses passen per un motiu. I el destí em portava l'Amat. L'Amat és el meu mestre. M'ha ensenyat moltes coses de la vida. Sense ell no podria afrontar la presó. I fa que la meva absència sigui menor. Amb la Txell, amb els meus pares... La Txell es va quedar embarassada quan feia pocs mesos que anàvem junts. I vam decidir tenir-lo. Li deia a la Txell que com podíem tenir un fill quan volíem pressionar el govern perquè anés a màxims... L'havíem de pressionar perquè fessin el referèndum de l'1 d'Octubre. Nosaltres no el vam organitzar, però havíem d'intentar, Òmnium i jo com a president d'Òmnium, que es fes el referèndum d'autodeterminació. Jo volia que es votés, volia que votessin set milions de persones i que el resultat fos vinculant. I vaig dir a la Txell que arribaria on fes falta perquè es fes el referèndum. Jo no volia un 1 d'Octubre com a moneda de canvi. No. No volia una posada en escena per pressionar. Per a mi, el que era important era que es pogués votar.

Gemma: Més important que l'Amat?

Jordi: Una cosa no es contraposa amb l'altra.

Gemma: Home, jo diria que sí.

Jordi: No és cert. A l'Amat li he escrit contes, li canto cançons... El primer cop que vam fer alguna cosa junts amb el meu pare va ser anar al Saló de la Infància, i gairebé no hi anem perquè no trobava lloc per aparcar i volia marxar. I jo li vaig dir: «No, no marxem!». No sap què va significar aquell dia per a mi... Ho va significar tot. L'única vegada que vam fer una cosa junts, tots dos sols. No necessito estar amb l'Amat vint-i-quatre hores. Això no vol dir que no vulgui estar-hi, sí que voldria, però no puc. Si sumo totes les hores que he estat amb l'Amat des que vaig entrar a la presó, he estat amb ell quatre dies i mig. Però li escric cartes. N'hi escric una cada dia 13, que és el dia del seu aniversari, va néixer el 13 d'abril. I quan tingui edat per entendre-les, quan tingui vuit o deu anys, li donaré totes aquestes cartes.

GEMMA: I sempre li cantes una cançó.

JORDI: *L'elefant del parc*, però em sembla que hauré de buscar-ne una altra perquè ja en comença a estar avorrit. *(Riu.)* Els primers moments quan ens veiem són estranys. Com si no volgués estar amb mi perquè sap que al cap d'una estona tornaré a marxar i fins al cap d'uns quants dies no em tornarà a veure, com sempre, que marxaré com sempre. I d'aquí a uns quants anys, quan miri enrere, sabrà que el seu pare era a la presó i ho entendrà tot. Em miro la vida des d'un punt de vista romàntic. Soc molt romàntic i m'agrada mirar-me la vida així. I penso que quan l'Amat sigui gran, a la barra d'un bar, li preguntaran: «I el teu pare?». L'Amat no podrà explicar les vacances que hem fet, perquè no n'hem fet —només quan era molt petit, quan tenia tres mesos, que vam anar a Menorca, però no se'n recordarà perquè era massa petit—, però dirà: «El meu pare va estar a la presó». I quan li preguntin per què, dirà: «Per defensar la democràcia i la llibertat d'expressió. Amnistia Internacional demanava que l'alliberessin». Penso en això quan rebo cartes de nens i nenes. Sempre responc les cartes dels nens i nenes, i també les de la gent gran. Les altres no m'interessen tant.

GEMMA: Quantes cartes reps al dia?

JORDI: Ara no tantes, però en els moments àlgids n'he arribat a rebre tres-centes o quatre-centes al dia.

GEMMA: Al dia?

JORDI: Sí, sí.

GEMMA: I ara?

JORDI: Ara, unes cent cada dia. Per a mi, la idea de la presó no ha estat un impediment per fer res. Quan vaig decidir que no aniria a la mili era perquè no volia agafar les armes, i no hi vaig anar; no em feia por la presó, fins i tot tenia un punt de romanticisme alemany, el de Goethe.

GEMMA: La Cris em va explicar que quan hi havia un problema tu deies: «Mira-t'ho des de la Lluna».

JORDI: «Mira't les sabates des de la Lluna». Recordes aquella trucada que vas tenir a la ràdio?

GEMMA: A l'*Hablar por Hablar*?

JORDI: Sí. La d'una senyora que trucava molt preocupada perquè el seu fill era un desastre.

La veritat és que no la recordo. Però en Jordi es posa a re-

presentar una trucada que hauria pogut anar perfectament així:

—Estic molt preocupada.

—Per què?

—El meu fill és un desastre.

—Que té problemes amb les drogues?

—No, no.

—Que té problemes amb els estudis?

—No, no, treu molt bones notes.

—Que no té amics? O té problemes amb els amics?

—No, no. Té molts amics i es porta bé amb tothom.

—Que li pega, el seu fill?

—No! Si és molt agradable i atent!

—Però, llavors, què li passa?

—És que estic desesperada.

—Però... per què?

—Perquè és molt desendreçat i sempre deixa les sabatilles al mig del menjador.

Aquí tu li hauries pogut respondre: «Vagi fins a la Lluna i miri's les sabatilles des de la Lluna». Amb la Cris ho dèiem sempre: mira-t'ho des de la Lluna. Si vas a la Lluna i et mires el problema des d'allà, t'adones que no és res, que no té la importància que li donaves quan te'l miraves de prop. Els meus deu anys a la presó no són res si te'ls mires des de la perspectiva del temps: què són deu anys per a la història?, que són deu anys en una vida? No són res en el temps i tampoc no són res per a Santa Perpètua de Mogoda i tampoc per als Cuixart.

Gemma: Vas preparar els pares per a la presó? Els vas preparar per al moment en què hi entraries? El teu pare em va dir que a l'últim dinar que vau fer junts va saber que et tancarien a la presó per la manera com el vas abraçar.

Jordi: Sí, allà ja era molt clar. A l'Esther li ho vaig dir. Li vaig dir que entraria a la presó. I a la Txell, també. En un sopar al Semproniana, l'abril del 2017, li vaig dir: «Els propers deu anys estaré entrant i sortint de la presó». Sí que és veritat que potser em pensava que no hi estaria durant tant temps seguit, però sí que em veia entrant i sortint de la presó durant deu anys. I la veritat és que tampoc no sabem res, encara pot ser que en sortim i que hi tornem a entrar... A la Cris també li ho vaig dir. A Òmnium també ho deia. Explicava el que faríem i preparava els entorns. És una cosa que faig molt. A la fàbrica també ho vaig fer; va ser un dels últims llocs on ho vaig dir, però també els ho vaig dir. De fet, el mes d'abril vaig fer el traspàs de la direcció general de la companyia al Jan, que és més que un soci de tota la vida, és com un germà. Però potser no vaig preparar tant els meus pares. No sé si vaig ser covard... I a l'Esther i a la Neus els vaig dir que fessin el que volguessin: si es volien quedar a casa amb la mama i cuidar els pares, endavant, i si volien fer com les germanes de Puig Antich, doncs també. Que fessin el que volguessin. Però no em van dir res, llavors. No van respondre i van marxar.

Gemma: I què han fet? De germanes de Puig Antich?

Jordi: I tant! Han fet de germanes de Puig Antich. El van assassinar el dia que naixia la filla del Josep Ventura, l'Elisenda. Tinc amics molt grans. A l'Amat li explico un conte sobre la importància de la gent gran. De com en són, de sàvies, les persones grans. Recordo molt la història de Puig Antich.

Gemma: La pel·lícula *Salvador* és tan trista...

Jordi: Sí, és brutal. Jo soc un llibertari frustrat, frustradíssim. No soc gaire dels partits. Soc més àcrata. M'encanta treballar amb la junta d'Òmnium, els voluntaris, la gent del territori, perquè el que diem allà és el que expliquem que farem, és el que fem. I si no ho podem fer és perquè no tenim prou poder, però som coherents.

Gemma: O sigui que no seràs president de la Generalitat.

Jordi: No! Quan em van proposar d'anar a les llistes, ja vaig dir que no. No puc. No puc formar part d'un partit. No ho han entès. No seria jo. Òmnium és una cosa romàntica que funden cinc empresaris visionaris. La Muriel es va morir i em vaig trobar sent-ne president. El guionista de tot això és un crac. Jo vull tenir molts amics. Ep, i en tinc molts, d'amics, de bons amics. Em diuen: «A tots ens dius "el meu millor amic"». Però és que tots ho sou. Us estimo a tots igual. Des de la meva òptica, la política té la necessitat d'agafar-se a algú. Si jo fos polític, no us agradaria! Que no ho enteneu?

Gemma: Creus que et trairies a tu mateix?

Jordi: És que llavors tindria unes altres preocupacions. Hauria de pensar en els alcaldes que hauria d'aconseguir el partit a les eleccions, per exemple. No m'agraden les dinàmiques dels partits, perquè sempre són a curt termini, i a mi això no m'agrada. I, en el fons, a la gent el que li agrada de mi és això: que no segueixo les dinàmiques de partit. Al papa de Roma es veu que el seu pare li deia: «*Vaya saludando a los que se irá encontrando cuando vaya subiendo porque serán los mismos que le estarán esperando cuando vaya bajando*». Ho tinc sempre molt present i a la taula del menjador de casa dels pares ho hem repetit tantes vegades...

Gemma: De camí cap a l'èxit et trobes la mateixa gent que quan l'èxit se t'acaba.

Jordi: No m'importa l'èxit perquè tinc molt clar que tot és efímer. Faig estadístiques com ara «felicitat *versus* ingressos». *(Riu.)* Quan he estat més feliç era quan menys ingressos tenia. En canvi, les èpoques en què he tingut més diners, no ho he estat tant. Quan era més feliç era quan tenia la meva empresa i cobrava vuit-cents euros al mes. Era el tio més feliç del món. No tenia diners per viure ni per menjar, però tenia la Cris o tenia l'Anna. Després, quan vaig tenir més diners, ja no era tan feliç. Recordo Santa Perpètua de Mogoda quan era adolescent, on clarament hi havia el barri antic i, al voltant, les barriades. No m'agradava, això.

GEMMA: Quina edat tenies?

JORDI: Tenia catorze o quinze anys i ja tenia consciència de classe i consciència nacional. En aquell moment vaig haver de decidir si volia lluitar per la part social o per la part nacional. Si volia lluitar per Catalunya o pel món, per la pau. Havia de triar entre lluitar contra les injustícies socials a Catalunya o per la pau al món. I vaig triar lluitar contra les injustícies socials a Catalunya per arribar a aconseguir la pau al món.

GEMMA: És un pensament hippy.

JORDI: El meu cosí Enric es va fer hippy radical. El meu grup de referència era l'Elèctrica Dharma. Me'n sabia totes les cançons. La vida em va enganxar fora d'època, jo havia de ser del Maig del 68. Hauria d'haver estat amb les Brigades Internacionals. I enamorar-me i follar al front. La Teresa Rebull m'explicava que ella havia fet l'amor en un refugi antiaeri. Jo he fet l'amor amb la Txell en un vis-a-vis. La Cris sempre em diu: «Has fet el que has volgut». I he entrat a la presó i també he pagat un preu molt alt.

GEMMA: Explica'm qui són les persones que tens com a referents.

JORDI: Tinc tres referents homes i tres referents dones. Els tres referents homes són: Josep Ventura, Josep Umbert i el meu tiet Josep Navarro. Les tres dones són la Teresa Rebull, la Muriel Casals i la meva mare. La Teresa Rebull, maragallista fins al moll de l'os, militant del Partit Obrer d'Unificació Marxista (POUM) durant la Segona República, va acabar exiliada a la Catalunya Nord. Membre de la resistència francesa, va viure de prop el Maig del 68 i va conèixer Camus i Sartre. Als anys setanta va deixar tot el que tenia per fer realitat el somni de la seva vida: ser cantant. Vivia a Banyuls de la Marenda i la vaig conèixer ara fa quinze anys, quan ella en tenia vuitanta. I ens vam enamorar. Jo li escrivia poesies i ella em cantava cançons. A l'Anna li semblava bé. «Quan s'estima de debò, no es té por de compartir», deia. La Muriel és un referent perquè és un exemple de valentia —també ens vam enamorar, en certa manera!—, de tendresa i determinació. Amb ella he viscut moments trepidants i la recordo molt d'un dinar a Banyuls a casa de la Teresa amb elles dues, PSUC, POUM i cultura, una bona síntesi del segle XXI amb ulls de dones.

GEMMA: I de la teva mare? Què en valores?

JORDI: El coratge. És una mare coratge. Jo i la Neus no li ho vam posar fàcil. L'Esther, sí, però la Neus i jo, no... Però bé, al final, reia més ella que nosaltres. Les dones no ho han tingut gens fàcil en aquesta vida. I encara avui.

GEMMA: Parlem de l'esplai. Del Refugi. Hi vas entrar quan eres adolescent. Hi feies de monitor.

JORDI: El Refu. Ostres, és una etapa molt bèstia de la meva

vida. Tenia setze anys i hi vaig estar durant gairebé deu anys. Les tres arracades que porto me les vaig posar quan feia de monitor de campaments, una cada estiu. De petit només vaig anar de campaments una vegada, perquè m'enyorava massa i no vaig voler repetir l'experiència, estava molt emmarat. Però fer de monitor em va empoderar. Treballava als casals d'estiu de l'ajuntament. Era l'època de la guerra de Bòsnia, de recollir aliments i roba per als refugiats, era a l'òrbita independentista del poble i ens mobilitzàvem per un munt de coses: contra el Pla Urbanístic, la Central Integrada de Mercaderies, el tema dels insubmisos. Des de l'ajuntament devien pensar que m'havien de neutralitzar una mica; el regidor de torn devia pensar que si ens deixaven fer sense control, acabarien sortint petits monstres...

Gemma: Qui governava en aquell moment?

Jordi: Iniciativa. I sí, jo crec que per neutralitzar-me una mica van oferir-me de començar a treballar als casals d'estiu però ens van dir que ens havíem de treure el títol oficial de monitors.

Gemma: L'esplai estava lligat a la parròquia.

Jordi: Sí, però en aquella època jo no en volia saber res, de l'Església. Ara, fa alguns anys, he trobat una mica més les conviccions cristianes, però alhora soc molt ateu. El cristianisme em permet entendre les aportacions que ha fet la religió a la cultura. Sense religió, no tindríem aportacions.

Gemma: Aquest és el valor de la religió.

Jordi: Amb la Txell ens sentim atrets per moltes interpretacions del budisme sobre la vida, també pel que fa a les qüestions materials, la vida plena..., però, al mateix temps, portem el nen a Montserrat perquè el beneeixin. El pare abat em va venir a veure a Soto, i quan ja marxava li vaig demanar si li sabria greu que un monjo de Montserrat beneís l'Amat. «El bategem?», em va demanar. «No, no, això ja ho decidirà quan sigui gran», li vaig respondre. Només beneir-lo, jo només li volia posar una petita llavor a la butxaca, per si mai, de gran, es vol connectar amb aquesta espiritualitat. I ja tens la Txell pujant l'Amat a Montserrat, quan tenia set mesos, amb tota la família, el bo d'en Vallvé i la seva dona. I el va beneir el pare abat. Jo els vaig trucar des de Soto. Montserrat és una muntanya màgica. És com quan vaig anar al Mur de les Lamentacions: per allà passa la història. Per Montserrat, també. Jo no vull renunciar a res. No vull renunciar a la Feria de Abril.

Gemma: Ho vols tot...

Jordi: Ho vull tot. De Lorca a Martí i Pol.

Gemma: Tornem al Refu. T'has de treure el carnet de monitor si vols treballar a l'esplai.

JORDI: I per treure'm el carnet, vaig a l'esplai a fer pràctiques. I feia de monitor dels nens amb la Cris. Anàvem de campaments, pujàvem muntanyes, amb els nens perduts a mitja muntanya, érem la Cris, el Vice, l'Elisenda, la Carmen —que era filla del doctor Espinosa—, la Pili, que se li va morir la mare, i això ens va marcar molt a tots...

GEMMA: La Cris em va explicar que a l'esplai, quan als nens no els agradava una cosa o no volien fer el que els dèieu, tu deies que ho havien de fer perquè allò era una «Cuixicràcia».

JORDI: *(Riu.)* Sí, sí, de vegades era una dictadura. És una paraula que es va inventar Jòlsates, un personatge que neix de la fusió entre Francesc Pujols i Sòcrates, i que ha fet molts adeptes. *(Continua rient.)*

GEMMA: De quins entorns eren els nens de l'esplai?

JORDI: Hi havia nens de diversos entorns. Hi havia des del fill del director del banc fins a la Vane. Els nens de vuit anys són boníssims. I saps de qui s'enamorava la Vane?

GEMMA: Del fill del director del banc.

JORDI: Exacte! El fill del director del banc, del que m'havia concedit la hipoteca per comprar el pis, perdia el cul per la Vane. Primer, no en volia saber res, però després s'enamoraven. I la Cris i jo ens ho miràvem des de la llunyania i rèiem. Fora classes socials.

GEMMA: Estàveu junts llavors?

JORDI: No. Tots dos teníem parella. Però ens buscàvem.

GEMMA: Parlem d'*El plaer dels plaers*, del llibre de poemes que vas publicar el 2005. Sempre has escrit? Sempre has tingut la necessitat vital de compartir el que escrivies?

JORDI: La culpa és del Joan Marc i del meu tiet Navarro. Jo no compartia les poesies. De fet, primer, *El plaer dels plaers* es titulava *La llibreta*. Hi ha escrits de quan tenia setze anys. Són molt ingenus.

GEMMA: Ets un poeta que fa d'empresari.

JORDI: M'encanta la poesia, però també m'agrada molt fer d'empresari. Després de canviar d'una FP a una altra, vaig acabar sent delineant. Vaig marxar d'aquella empresa i me'n vaig anar a una altra que s'ensorrava. «Quina edat tens?», em va demanar l'amo. I jo vaig dir: «Vint-i-set». Però el vaig enganyar, perquè en tenia vint-i-cinc. «Fes-me un informe sobre com veus l'empresa». I el vaig fer. I amb quatre coses el vaig impressionar tant que em va dir: «Seràs director general». «No fotis!», vaig respondre jo. «Què, no t'hi atreveixes?». I li vaig contestar: «Mira, no soc bo en gaires coses, però sí que soc bo observant, soc bo analitzant els conceptes: si l'empresa factura quatre milions d'euros i tens cent vint persones treballant, te'n sobren seixanta». I em va dir: «Fes-ho tu». I jo li vaig dir que d'acord, que em quedaria a treballar a l'empresa, però que faríem un pacte: «Jo seré el gerent, seré com el propietari de l'empresa sense ser-ho. Si em dones el comandament, me'l dones, però per a tot: de dalt a baix. No vull que entris ni un sol dia al taller. Si hi vas i t'hi veig, plego».

GEMMA: Jordi, això que m'estàs explicant no quadra amb la consciència social i amb la consciència de classe. Vas dir que s'havien de fer fora seixanta persones...

JORDI: No és que jo les volgués fer fora. Jo deia que per fer quatre milions d'euros, l'empresa havia de tenir seixanta treballadors o, al revés, per tenir cent vint treballadors, l'empresa havia de fer vuit milions d'euros. I em va dir: «Fes fora la meitat de la plantilla». Vaig fracassar. Al cap de mig any, vaig veure que no havia anat bé. I vaig haver de fer fora molta gent. Al final, crec que van ser quaranta persones. Ho vaig passar molt malament, Gemma, molt. Però ho vaig fer. Al cap de poc temps l'empresa va reviscolar i va començar a funcionar. I un dia que tornava d'un viatge a Rússia, entro al taller i trobo l'amo allà. Vaig pujar al despatx i vaig fer la carta de renúncia dient que no hi tornaria mai més.

GEMMA: I llavors vas muntar la teva empresa, AraNow.

JORDI: Amb els pocs diners que em va donar de la liquidació vam muntar AraNow, l'11 de novembre de 2003, el mateix dia que va morir Miquel Martí i Pol. AraNow és una barreja entre el poema de Miquel Martí i Pol «Ara mateix» i el disc de Noa *Noa Now*.

GEMMA: Però la idea de l'empresa la vas concebre a Sicília, durant un viatge amb la Cris a l'estiu.

JORDI: Com se'n recorda, la Cris!

GEMMA: AraNow es concep a Sicília durant l'estiu i l'empresa neix formalment l'11 de novembre, el dia que mor Martí i Pol.

JORDI: L'11 de novembre vaig anar a la vetlla a Roda de Ter i, baixant per l'escala, em vaig creuar amb el tiet Navarro, el Paco Candel i l'escultor Soriano, de Sant Boi, de la colla de Pep Altayó i Vicenç Altaió. Hi vaig anar a donar el condol a la Montserrat. Era d'hora al matí, eren les vuit del matí. Abans de començar l'empresa, vaig anar-me a acomiadar de Martí i Pol. Diguem-ne que abraço el capitalisme, però també la cultura. També hi havia Lluís Llach, ens vam mirar, una mirada còmplice, i vam connectar.

GEMMA: La teva colla encara és la de Santa Perpètua?

JORDI: Més que una colla, som una família, ens comportem com una família. El Pere i el Cintu es van matar a prop del Cadí. Mentre pujaven una canal els va caure una allau de neu a sobre. Ens van avisar als que érem a Santa Perpètua i hi vam anar. Els bombers els van portar en lliteres, morts.

La muntanya t'ho dona tot, però també t'ho pren tot. D'això fa set anys, la mort del Pere i el Cintu ens va unir molt més. Érem catorze amics de tota la vida de Santa Perpètua, teníem trenta-dos anys i estàvem junts, no ens havíem disgregat mai. Les que canvien són les dones. Ara faré un comentari una mica misogin, però el nucli dur som els homes, tot i que això ens ha fet perdre bones relacions amb les dones que han marxat.

Joaquim Forn torna a passar per darrere del locutori de Jordi Cuixart, ens saluda i se'n va. Antoni Bassas entra al meu locutori i tornem a xerrar una estona tots tres. Ha estat una conversa de quatre hores. Jo estic cansada, però en Jordi té la mateixa energia que quan hem començat. Ell continuaria xerrant i xerrant hores i hores. Al final, després d'explicar-nos coses sobre l'1 d'Octubre, diu: «Marxeu, marxeu, que, si no, ara començaré a donar titulars, i això és perillós davant de dos periodistes». Ens acomiadem, posant la mà damunt del vidre, cadascú per la seva banda.

II

A la presó

Lledoners, 5 de desembre de 2018

Avui entro a la presó d'hora al matí, amb una boira espessa i un ambient gris, fa molt fred. Quan en Jordi arriba al locutori no el veig ple d'energia com les altres vegades. Em veu i força un somriure.

Gemma Nierga: Jordi, com estàs? Avui et noto una mica trist.

Jordi Cuixart: *(Deixa de somriure.)* Sí, Gemma, avui estic una mica trist. Els resultats de Vox a Andalusia m'han fet molt mal. Malparits... M'han ficat la por al cos, però no la mena de por de Jordi Cuixart com a persona, sinó una por col·lectiva, pel fet que hagin entrat. És curiós que em passi això perquè estic preparat per a la vida. Però aquest cop he abaixat la guàrdia. Estem en ple procediment... Soc transparent...

Gemma: Ets el Jaume de Vidre.

Jordi: El Jaume de Vidre! *(Emocionat.)*

Gemma: Cada nit llegeixo el conte del Jaume de Vidre al meu fill petit. Té nou anys. Li agrada el moment en què les parets de la presó es tornen transparents.

Jordi: La radiació fa transparent... Gianni Rodari té contes molt bons. I sí, jo soc el Jaume de Vidre, ja ho veus, de seguida que has entrat has notat que em passava alguna cosa. És clar que el que veus és el que hi ha.

Gemma: Jordi, amb la conversa d'avui vull que ens acostis a un món, la presó, que la majoria de la gent no coneixem.

Jordi: No et diré cap falsedat, però potser voldràs que et digui algunes coses que jo preferiré que no surtin, perquè no vull que, de tot això, se'n faci un mal ús, no vull que caigui en mans de l'adversari i se n'aprofiti. Un error dels presos és no pair la presó, perquè la presó avui és una cosa i demà n'és una altra; la presó afecta de maneres diferents a mesura que passa el temps. Potser ara trec conclusions que d'aquí a cinc anys o set ja no responen a la realitat. Em costarà fer afirmacions categòriques perquè la presó és diferent quan fa un any que hi ets, quan en fa dos, quan en fa tres, quan en fa cinc...

Gemma: Jordi, el que diguis ara serà el que penses en aquest moment.

Jordi: Mira, el Quim Forn em va explicar que quan va publicar els *Escrits de presó* no pensava que tindrien conseqüències. I em va dir: «Ho vaig fer passar malament a la meva família». I jo li vaig contestar que havia llegit el llibre i que no veia que hi hagués res que pogués tenir conseqüències, res que fes mal, però llavors em va dir: «Tu no, perquè ho llegeixes amb els teus ulls, però la meva dona ho llegeix amb els ulls de la meva dona». Aquesta reflexió m'ha fet pensar, i sí, potser sí que m'he de posar una cuirassa.

Gemma: Ara mateix no em puc treure del cap la cara amb què t'he vist quan has entrat. Preocupat, decaigut. Pels resultats de Vox?

Jordi: Això m'ha matat. Però ja ho he superat. Gairebé ploraria pensant-hi...

Gemma: Per què?

Jordi: Perquè ja ho he superat. Quan veus que hi ha coses que superes sense haver de baixar de l'autobús, penses: «Soc una bèstia parda»... Dilluns i dimarts veia la tele i sentia el que deien... Jo confio en Andalusia, confio en la gent treballadora, no pot ser que quatre-centes mil persones siguin feixistes a Andalusia.

Gemma: Creus que aquesta gent ha votat Vox per votar contra vosaltres? Hi ha gent que diu que cal interpretar el vot a Vox com un vot contra l'independentisme.

Jordi: El que em preocupa és que no han votat contra els independentistes. Aquests vots són contra Catalunya. No és una idea d'«independentistes, no; Catalunya, sí», és «Catalunya, no», i això em preocupa. I no hauria de ser això. Vull el replà de l'escala per trobar-nos, però perquè això passi els uns han de baixar del replà de dalt i els altres han de pujar del replà de baix. Quan miro el que diuen a la tele...

Gemma: Mires la tele?

Jordi: No la miro gaire perquè no és que pensi que la tele és tòxica, però sí que penso que et fa perdre el temps i no t'alimenta l'esperit... De vegades ni tan sols et distreu...

Gemma: I què mires?

Jordi: Miro les teles d'àmbit estatal i tot el que diuen és molt bèstia. Disparen a tot arreu. No són capaços de veure que Dani Mateo només està dient que els pallassos fan de pallassos i els policies fan de policies. I el que ha dit Susana Díaz també em sap greu. Diu que es va equivocar de no atacar els independentistes. Les dues bandes hem fet coses malament: l'Estat, amb el 155, les eleccions imposades..., i l'independentisme també ha fet coses malament. Però qui ha acabat a la presó? Andalusia i Catalunya són pobles germans, estem tots barrejats! Jo soc mig murcià! Aquestes són petites batalles individuals que tinc... Si dilluns, després dels resultats de Vox, m'arribes a preguntar «Jordi, com estàs?», t'hauria dit que tenia por, però no una por individual, sinó una por col·lectiva.

Gemma: Però també deus tenir por tu com a persona, a banda de la por col·lectiva. Hi ha de ser, perquè Vox és un grup polític que et voldria a la presó durant vint anys.

JORDI: Sí, tens raó. Sí que hi és. Però la por, quan l'acceptes, la superes, i llavors ja no et fan por els vint anys a la presó. Meditació, tot depèn de la meditació. I he abaixat la guàrdia, m'he descuidat... Soc gandul... Bé, no, en realitat soc disciplinat amb mi mateix, potser menys del que voldria, però la veritat és que últimament no feia bé la meditació. Si mires el rellotge quan fas meditació, malament. Has de tenir clar que tant és l'hora que comences i tant és l'hora que acabes, el temps no importa. I jo mirava el rellotge. Últimament, mirava el rellotge. Ja ho sé, que no s'ha de mirar el rellotge quan fas meditació, però ho feia. Havia deixat una mica d'acaronar-me el cor. I de gestionar la por. De mantenir-la a ratlla. I llavors veig això de Vox...

GEMMA: És des de diumenge que no estàs bé?

JORDI: Fa uns quants dies. Pel tema de Vox i, també, per la vaga de fam, després en parlem. Però ara ja estic bé. Vaig ser conscient que no feia bé la meditació, però ara fa dos dies que la faig bé i ja estic bé.

GEMMA: Jordi, avui m'he despertat a les sis del matí i he començat a pensar en tu a la cel·la. Sabia que havíem de parlar de la presó, de la teva vida a la presó. Descriu-me un dia sencer: què fas, què penses des que et despertes fins que te'n vas a dormir.

Jordi: Em desperto a dos quarts de set del matí.

Gemma: I com et lleves?

Jordi: Sempre, de seguida que em desperto, poso la mà sota el coixí, per comprovar que encara hi ha el mocador groc de la Txell.

Gemma: El tens sempre sota el coixí? *(El Jordi s'emociona i no pot respondre.)* Avui estàs malament, Jordi. Ho he vist de seguida...

Jordi: És molta pressió, Gemma. Molta. Però dormo bé. Quan em desperto, poso la mà sota el coixí, penso en la Txell, en l'Amat... Amb la Txell fa poc que ens coneixem, però m'ha influït molt, molt, i he adoptat tradicions seves. *(Riu una mica.)* Així que quan em llevo em poso les sabatilles d'estar per casa, les de casa. És el primer que li vaig demanar. Tenia molt clar que això havia de ser casa meva. Al cap de quinze dies de ser a la presó vaig demanar a la Txell que m'enviés les sabatilles.

Gemma: I com són? Són les típiques espartanes? Les de quadres de tota la vida?

Jordi: *(Tots dos riem molt.)* Sí, sí! Les de quadres, no tant de persona gran, potser més de jove... *(Riem un altre cop.)* I a casa no les duia...

Gemma: Portar les sabatilles és una manera d'acceptar la presó?

Jordi: Vaig pensar «això serà casa meva» i he de fer que sigui casa meva: la cel·la és casa meva, el mòdul és el meu barri i la presó és la meva ciutat. M'hi he d'integrar, però no en el sentit de normalitzar les circumstàncies que estic vivint, sinó de viure aquí, de pensar «avui soc aquí». La gent de la presó és com la meva família. La família no l'escullls, la família et ve i te l'estimes amb bogeria, passi el que passi; no, amb bogeria no, el següent. Envio cartes al pres amb qui vaig compartir cel·la a Soto durant vuit mesos, però no hi puc contactar; crec que ara és al Brasil.

Gemma: T'afaites? Com ho fas? Tens aigua calenta a la cel·la?

Jordi: A la pica de la cel·la només hi ha aigua freda. Si en vols de calenta, has d'anar a la dutxa. M'afaito amb aigua freda. Quan em llevo, faig una mica de meditació, mitja hora. Cap a les set o un quart de vuit, si és estiu o si no fa gaire fred, obro la finestra ben oberta i deixo que entri l'aire. Però ara no, ara fa molt fred; ara em quedo amb l'escalfor de la calefacció. Llavors em preparo la bossa per passar el matí: hi poso galetes, els estris (forquilla, ganivet, cullera), la pasta de dents i el raspall (soc molt maniàtic amb això), i la tonyina per a l'entrepà.

Gemma: Tonyina?

Jordi: Sí, cada dia esmorzo un entrepà de tonyina, perquè no menjo ni embotit ni porc.

Gemma: Esmorzes a la cel·la?

Jordi: No, a la cel·la em preparo la bossa amb les coses que necessitaré mentre sigui fora. Cada pres se la prepara. Jo tinc una mica de rebost amb unes quantes llaunes de conserva de l'economat. I abans de marxar també em prenc tres pastilles de col·lagen per als ossos. No em vull morir mai! *(Riu.)* I diuen que els ossos degeneren molt! I cada dos o tres mesos faig una tanda de gelea reial de vint dies.

Gemma: Reps paquets de fora?

Jordi: Podem demanar coses per instància i ens ho porten de fora de la presó, però la Txell, per exemple, només em pot portar roba i llibres. Res més. Tota la resta, medicaments, el col·lagen..., tot ens ho fan arribar via l'economat de la presó. A dos quarts de vuit toca el recompte. A Soto feia una cosa molt divertida... És que els primers dies el recompte em matava... A Soto la porta de la cel·la s'obre un pam, se'n diu l'*abrepoco*. S'obren totes les portes de la galeria, l'una rere l'altra, i se sent el so metàl·lic de la reixa que s'obre: «Cloc, cloc, cloc, cloc...». *(Pica al vidre del locutori per cada «cloc».)* I jo pensava: «Vint anys així? Amb "cloc, cloc, cloc, cloc..."». Quanta hostilitat!

Gemma: Els sorolls de la presó són agressius.

Jordi: Un cos humà no es pot llevar cada dia amb tanta hostilitat... Després de l'*abrepoco*, per megafonia, se sentia: «*¡Recuento! ¡Visibles y todo el mundo en pie!*». I, davant de tanta hostilitat, em vaig dir que havia de fer alguna cosa, ho havia de capgirar. I em vaig inventar un joc: havia de descobrir qui parlava pel micro, a veure si endevinava quin dels tres funcionaris que passava a fer el recompte era el que havia parlat pel micro. Després d'avisar per megafonia, passaven cel·la per cel·la, picant als barrots i cridant: «*¡El de arriba! ¡El de abajo!*». I ho vas sentint des de la primera cel·la de la galeria fins que arriben a la teva. I jo pensava: «Em moriré. Tota la vida així...». I per això feia el joc. M'havia d'aprendre els noms dels funcionaris i encertar el del funcionari que havia parlat pel micro: «*Don Carlos*», «*Don David*»... Hi ha molta rotació i era complicat aprendre's els noms de tots els funcionaris, però els agradava que t'hi dirigissis pel nom i a mi també.

Gemma: Sempre els havies de dir «Don»?

Jordi: A Madrid sí. M'agradava dir a tothom pel nom, també així aconseguia que abaixessin la guàrdia, que no estiguessin a la defensiva, i així es generava certa complicitat. Això em permetia parlar, i també era una distensió per crear un ambient agradable. M'havia de fer la vida fàcil... Tenia poc marge, i el poc que tenia l'aprofitava.

Gemma: I ells ho sabien, que feies el joc?

JORDI: Al final, sí! A veure, al començament són gent seriosa i és difícil generar-hi complicitat, però sempre trobava una manera o una altra d'acostar-m'hi, i al cap dels mesos descobreixes molt bones persones, són gent com nosaltres.

GEMMA: I a Lledoners, com és el recompte?

JORDI: Aquí és diferent. Aquí obren la porta i hi ha poc marge per jugar. Ens hem de col·locar a l'altra punta de la cel·la, tocant a la finestra. No podem estar davant de la porta. Si no, és motiu de *parte*.

GEMMA: Quant fa la cel·la?

JORDI: Deu fer sis metres de llarg. Imagina't un espai on cap un plat de dutxa, una pica, un lavabo i un llit. Fa sis metres de llarg com a molt.

GEMMA: I quan s'obre la porta, tu estàs al fons.

JORDI: Sí, al fons. Quan passen, saludo i se'n van.

GEMMA: Amb molt soroll de fons.

JORDI: Sí, molt. Quan passen, tenim vint minuts per preparar-ho tot. Cal deixar el llit fet i que tot estigui ben endreçat. Tot ha de quedar impecable. Llavors tornen, agafo tot el que necessito fins a la una i baixo al menjador. Allà fem cua per a l'esmorzar. Jo agafo aigua calenta per fer-me una camamilla i et donen una pasta, però sempre la regalo, menys la de xocolata. La camamilla la compro a l'economat. Ara estic a dieta, però hi ha tres opcions al menjador: «*dieta, musulmán o general*». (*Diu els tres mots en castellà.*)

GEMMA: Es diu així, *musulmán*?

JORDI: Sí, sí, «*dieta, musulmán o general*». A més, al menjador s'entra per aquest ordre. Criden primer els de *dieta*, després els de *musulmán* i, els últims, els de *general*.

GEMMA: Així fas dieta.

JORDI: Sí, perquè té pocs greixos, inclou molta verdura... Però de vegades també faig la *musulmán*, perquè porta herbes, cuscús. El problema de la presó és que, si no vigiles, et pots passar de la ratlla.

GEMMA: T'has engreixat?

JORDI: No, no. Peso setanta quilos. Em va pesar el metge i peso setanta quilos. N'havia arribat a pesar vuitanta quan treballava a l'empresa i el menjar era el centre de tot. Llavors em vaig cansar de menjar; sí, sí, em vaig cansar de tant menjar, i vaig descobrir el mot *frugal* en un llibre. És una idea que em va atrapar de seguida i que era molt dels anarquistes, i com que jo tinc un punt llibertari... De fet, els caps de setmana, quan anava a dinar a casa de la meva mare, el que més m'agradava era menjar arròs bullit amb un raig d'oli i un ou dur ratllat. I vaig decidir que jo volia ser frugal.

Gemma: Amb qui esmorzes?

Jordi: La nostra taula és la dels Quatre Presidents. Li he donat aquest nom perquè hi seiem quatre presidents: el president del mòdul, el president d'Esquerra Republicana —Oriol Junqueras—, el president d'Òmnium i en Marc, un noi de Roda de Ter que treballava al bosc, que és llenyataire i molt trempat. I això no pot ser casualitat, perquè un dels meus llibres de capçalera és *Walden o la vida als boscos*, de Thoreau, que és l'autor de la desobediència civil per excel·lència. Un llibre que la Txell em va enviar a la presó. Li vaig recomanar al Marc que se'l llegís i al cap de pocs dies em va explicar que la seva mare l'hi va comprar i ara l'està llegint. La mare, amb molt d'encert, li va posar una marca a la pàgina 100 amb una nota que deia: «Aquí comença la teva vida».

Gemma: Hi ha un president de mòdul?

Jordi: A cada mòdul hi ha un president. Mana poc, però fa de portaveu i l'escollim entre tots els presos.

Gemma: I un llenyataire! És president, també?

Jordi: Bé, era l'únic que no tenia títol. I jo l'hi vaig posar.

Gemma: Sempre seus a la mateixa taula?

Jordi: Sempre. El primer dia, quan entrava al menjador, anava darrere de l'Oriol Junqueras. I vam seure junts. Va ser casualitat. Són com els meus germans. Me'ls estimaré sempre.

Gemma: Parleu? Teniu bona conversa?

Jordi: A mi em fa il·lusió baixar a esmorzar. Sempre parlem, tot i que hi ha algun dia que tothom està més seriós. A Soto era diferent: a davant tenia un turc, en diagonal seia un belga perillós i al costat tenia un marroquí que havia estat a la mateixa presó que Puigdemont a Schleswig-Holstein.

Gemma: I amb l'Oriol Junqueras parleu?

Jordi: És un home excepcional.

Gemma: L'has conegut ara? O l'has descobert ara?

Jordi: L'he redescobert. Tots són excepcionals, són gent molt compromesa. A la taula del costat hi ha el Raül Romeva, el Quim Forn i el Jordi Sànchez. L'Oriol Junqueras és un home d'una intel·ligència especial, per sobre del normal. Amb el Josep Rull i el Quim Forn riem molt, moltíssim. El Quim Forn és d'una sensibilitat total. El Raül és molt d'abraçades, com jo. El Josep Rull sempre té l'obra de govern al cap. No va parar fins que no va aconseguir que féssim reciclatge dins del mòdul. Són molt estimats pels companys.

GEMMA: Esmorzeu junts, doncs. I tu sempre menges tonyina.

JORDI: Sempre. Però he après a fer-la de maneres diferents. Fa un any, un mes i dinou dies que soc a la presó. Sempre esmorzo una llauna de tonyina, però he buscat maneres diferents de preparar-la: hi ha dies que l'escorro més i hi poso sal, per notar el gust salat; hi ha dies que hi poso molt oli, massa i tot algun dia, i queda una massa pastosa; d'altres hi poso tomàquet, tallat a trossets, o olives... Hi ha gent que em diu: «No t'avorreixes de la tonyina?». I jo els dic que no, perquè he trobat tantes maneres de preparar-la que l'esmorzar cada dia és diferent.

GEMMA: Però no proves una altra cosa? Sardines, per exemple?

JORDI: És que no n'hi ha. Només hi ha tonyina, musclos... I no vull menjar embotits. Encara que cada dia esmorzi el mateix, cada dia és diferent i cada dia hi ha un moment especial: «la mossegada». És un moment de l'esmorzar que és perfecte. Vas menjant i vas fent mossegades de l'entrepà, però n'hi ha una que és molt bèstia. Com quan anava a dinar els diumenges a casa de la meva mare i arribava «la cullerada», i li deia: «Mama, aquesta és la cullerada perfecta».

GEMMA: No és necessàriament la primera...

JORDI: No, no. Pot ser qualsevol. És una mossegada en què s'han barrejat els gustos d'una manera perfecta i l'assaboreixes amb tots els sentits. Però sí que he de confessar que, després d'un any, un mes i dinou dies, mataria per un ou ferrat. *(Riu.)*

GEMMA: A la presó no hi ha ous?

JORDI: No se'n fan. Potser per la salmonel·losi. El primer que mengen els presos quan surten és un ou ferrat amb patates fregides. Pensar que pots estar vint anys sense un ou ferrat... Però el que mola és el camí, el camí d'aquí a l'ou ferrat.

GEMMA: Ja saps com es titularà el llibre, eh? *El camí cap a l'ou ferrat*. *(Riem tots dos.)* Quan acabeu d'esmorzar, sortiu al pati?

JORDI: Havent esmorzat, ens fan sortir de pressa del menjador, no ens hi deixen estar gaire estona xerrant. Hi ha gent que se'n va a treballar. Jo, per exemple, faig ceràmica tres dies a la setmana: dilluns, dimecres i divendres. També soc el responsable de la sala 2 i cada matí he d'assegurar que tot està en ordre: netejo les taules, les col·loco bé i frego. I els dimarts i els dijous a la tarda faig esport, vaig al poliesportiu: jugo a bàsquet amb els dominicans o faig bicicleta. A Soto em va anar molt bé fer esport, perquè no hi havia ceràmica, només hi havia artteràpia un cop a la setmana.

Just en aquest moment passen per darrere del locutori Quim Forn, Jordi Turull i Josep Rull, i entren a saludar. Quim Forn es queda més enrere i Jordi Cuixart passa el telèfon a Jordi Turull. Ens saludem a través del vidre, picant amb les mans. I em demana com estic. «Mira, escrivint a mà l'entrevista perquè no ens han deixat entrar una gravadora». I ell diu: «Sí, sembla que estiguem al segle XVIII*! Nosaltres volíem fer una cosa a la ràdio i ens van dir que no! I mira que avui ha sortit que la Dolors Bassa fa un programa a la ràdio». Parlem una mica més. No parlem de la vaga de fam, però. Ens acomiadem picant amb les mans al vidre i enviant petons a l'aire mentre surten per la porta i se'n van a un altre locutori per parlar amb un periodista.*

JORDI: *(Amb cara de sorpresa.)* Doncs nosaltres vam entrevistar el Pep Guardiola a la ràdio per internet de Sant Joan de Vilatorrada i la setmana que ve hi entrevistarem l'Ai Weiwei. A mi també em van dir que no a fer ràdio, al principi. Hi has d'insistir. M'han dit moltes vegades que no i si sempre em quedés amb aquesta primera resposta, mai no faria res. A Soto només feia artteràpia i filosofia un cop a la setmana, i necessitava moviment, però no ens deixaven anar al poliesportiu, perquè era en un altre mòdul. Per evitar possibles conflictes entre els interns, preferien que no sortíssim del mòdul. Però vaig parlar amb l'educador, un home bo, va veure que no era una persona conflictiva, que no donava problemes, i em va fer confiança. No tinc més o menys mèrit, però parlo amb la gent des de la sinceritat i me la intento fer meva. Quan ho vam deixar amb l'Anna, després de deu anys de relació, li vaig explicar que volia començar de zero, que volia anar a un lloc nou, on no fos el Jordi Cuixart, fer amics nous... Li vaig dir: «T'imagines que anem a un lloc on ningú no ens coneix?». M'agrada la pàgina en blanc. Recomençar-ho tot de zero. Avui, per exemple, ha arribat un noi nou a la presó. Per a mi és una aventura: conèixer-lo, parlar-hi, segur que aprendré coses d'ell...

GEMMA: Li vas proposar a l'Anna de començar la vida de zero? De debò?

JORDI: No ho vaig fer directament, però sí indirectament. Ahir va venir un periodista suís i li explicava el primer viatge que vaig fer, que va ser precisament a Suïssa amb la Laura (la nòvia que tenia de jove i amb qui ens hem reconciliat a la presó). Quan vam arribar a la frontera, des de la punta del tren vaig sentir: «*Passeport!*». Va ser com..., ostres!, hem arribat a Suïssa en tren! La meva tieta, que era moderna, ens va deixar dormir junts i va ser com entrar en un món nou de cop i volta. Jo ja m'hi volia quedar. Soc un viatger frustrat. De fet, m'inventava cartes per a les meves nòvies. Els escrivia: «Us escric des de Melbourne...», «Ara que fa cinc mesos que hem arribat a Nova Caledònia...».

GEMMA: Tornem al teu dia a dia a la presó. Quantes trucades teniu?

Jordi: Vuit a la setmana, de vuit minuts cadascuna. En faig sis a la Txell i dues a la mare. Li truco els dimarts i els divendres. A Soto eren de cinc minuts, però en teníem deu.

Gemma: Per telèfon qui parla més, tu o la teva mare?

Jordi: Parlo bastant, però a la presó he après a escoltar. I a escoltar els silencis, a assaborir-los. Són bonics, els silencis; cal deixar-los fer, deixar-los passar, per després reprendre la conversa.

Gemma: Plores?

Jordi: He après a no plorar. Al començament sí que plorava. Els primers dos mesos va ser difícil. Al final, la meva mare m'enxampava... Intentava no plorar, però al minut 4 amb 29 segons ja no podia més i plorava.

Gemma: Parles més amb la teva mare que amb el teu pare?

Jordi: Abans de la presó només parlava amb la meva mare. Quan el meu pare agafava el telèfon, deia «És el Jordi» i passava el telèfon a la meva mare. Ara tot és diferent. Ara posen el mans lliures i parlem tots tres. El meu pare l'he conegut a la presó...

Gemma: Sí que és veritat que normalment són les mares les que es posen al telèfon i parlen amb els fills. Però ara el teu pare també parla.

Jordi: Ara el pare sí que es posa al telèfon. I ja he dit que no s'ha de penedir de res. Però no hi tenia relació, no hi era: sempre treballava, sempre arribava tard de la fàbrica i arribava amb una mala llet..., però era una altra època. I ara ha canviat. No vol perdre el fill i ho enfoca tot d'una altra manera.

Gemma: Et sap greu fer patir els teus pares?

Jordi: Ara ja no. Al començament, sí, una mica sí, però ara ja no. El patiment dels altres no pot ser el meu patiment. Si t'estimo, he d'aprendre a estimar-te i a no patir per tu. I a l'inrevés. Ara soc feliç. He fet realitat el somni de la meva vida: lluitar pels meus ideals. No podria ser enlloc més que aquí ara mateix. Ara ja no pateixo per ningú. Perquè patir no vol dir estimar. No són sinònims. Estimar algú no vol dir que hagis de patir per aquesta persona. La cultura judeocristiana ens ha embolicat molt... tant fer-nos patir! Prou patir! Tenim una vida que no hem demanat. Venim a la vida i no tan sols ens l'hem de guanyar, sinó que només ets bona persona si pateixes molt. Com més pateixes, més bona persona ets. Ja n'hi ha prou de patir!

Gemma: La teva mare recorda una frase que vas dir durant un míting: «No hi haurà prou presons per a tanta democràcia». I diu: «Però sí que hi ha hagut prou presons per al meu fill».

JORDI: He rebut una carta de la meva mare. La primera. Amb un poema.

GEMMA: Però la teva mare no escrivia poemes, oi?

JORDI: No, no. Ella no. El tiet Navarro sí que n'escrivia, però la meva mare, no. Imagina't, doncs, què ha estat rebre aquesta carta amb un poema!

GEMMA: I què diu el poema?

JORDI: Explica que espera la primera carta de Nadal.

GEMMA: Érem a l'hora de dinar. Explicaves que seies a la taula dels Quatre Presidents.

JORDI: Les rutines són imprescindibles. Havent dinat, pujo a la cel·la i poso la tele, La Sexta.

GEMMA: Mires el Ferreras?

JORDI: Sí, miro el Ferreras. Deixo La Sexta fins a un quart de tres i després netejo els coberts. A dos quarts de tres miro els titulars de TV3 i apago la tele. Llavors escric. A tres quarts de tres torna la rutina del recompte i a les tres començo la meditació, fins a tres quarts de quatre més o menys. Aleshores, escric cartes, faig feina d'Òmnium...

GEMMA: Ho escrius tot a mà?

Jordi: Sempre escric a mà. Tinc un ordinador per fer el seguiment de la causa, però sempre treballo escrivint a mà.

Gemma: És fàcil obtenir material per escriure, bolígrafs, paper...?

Jordi: No tenim cap problema. No té res a veure amb les presons de l'època franquista o de la Segona Guerra Mundial. Això és una altra cosa. Després, a dos quarts de cinc, ens fan baixar al pati. Un dia faig el programa magazín a Ràdio Sant Joan de Vilatorrada, els dimarts i els dijous faig esport, i els divendres a la tarda venen a veure'm els advocats. Tot s'acaba a les set de la tarda, que és quan tornem al mòdul. Llavors hi ha dies que vaig a l'aula d'informàtica. Hi ha ordinadors amb una pàgina de la Wikipedia que no està connectada a internet. Ens hi trobem un grup de quinze presos i tafanegem entrades de la Wikipedia i les comentem. Són gent que ve de països diferents i els debats que tenim són curiosos i divertits. Llavors a tres quarts de vuit truco a la Txell.

Gemma: De les vuit trucades de cada setmana, en fas dues a la teva mare i sis a la Txell.

Jordi: Sí. Cap a final de setmana se m'acaben, però sé que cada dissabte em ve a veure la Txell. Des del primer dia que soc a la presó, cada dissabte ha vingut a veure'm amb l'Amat, aquí o a Soto. Durant els nou mesos que vaig ser a Soto del Real, per venir-me a veure, la Txell va fer cinquanta-quatre mil quilòmetres.

Gemma: Com li truques?

Jordi: Ens donen una fitxa per fer les trucades. *(Busca dins la bossa.)* Mira, això ho porto sempre a sobre: la foto de la colla, el DNI de la presó, un poema de Miquel Martí i Pol. *(Em va ensenyant cadascuna d'aquestes coses posant-les contra el vidre del locutori, perquè pugui veure la colla, el DNI i el poema de Martí i Pol, imprès en un paper petit. I em llegeix el poema.)* «I, sobretot, no oblidis que el teu temps / és aquest temps que t'ha tocat de viure: / no un altre, i no en desertis, / orgullós o covard, quan et sentis cridat / a prendre part, com tothom, en la lluita, / car el teu lloc només tu pots omplir-lo». I aquesta és la fitxa per fer les trucades de vuit minuts a la cabina. *(Ho guarda tot a la bossa.)* Després de sopar pujo a la cel·la i faig temps fins a les nou, quan torna a haver-hi recompte. I llavors ja em poso d'estar per casa. Sabatilles...

Gemma: Fins a quina hora estàs despert?

Jordi: Fins a la una, més o menys. No puc allargar més perquè, si no, després estic massa cansat. A les nou he de decidir què vull fer, com preparo la sessió de la nit fins a la una: si llegeixo una estona de clàssics grecs, si llegeixo cartes... M'agrada gaudir dels detalls petits de les cartes, com ara la lletra d'una senyora gran a qui veus que li tremola el pols... Cada carta té una lliçó, cada carta t'aporta alguna cosa, i cada cop les cartes que m'arriben són més personals.

GEMMA: Al vespre mires la tele?

JORDI: Molt poc. M'agraden molt els Òscars, això sí. L'Òscar Dalmau és excompany de la Txell. I me'ls estimo molt a tots dos. També m'agrada molt escriure'ls cartes i comentar la jugada. Després escric cartes i faig feina d'Òmnium.

GEMMA: Quan dorms, somies?

JORDI: Cada nit. La llibertat.

GEMMA: Cada nit?

JORDI: Cada nit soc fora de la presó.

GEMMA: I què somies?

JORDI: Coses boniques. Camino per la muntanya... Pujo a la Mola o al Puigmal amb l'Amat...

GEMMA: I quan et despertes, saps que ets a la presó?

JORDI: Ara sí, ara quan em desperto ja sé que soc a la presó.

GEMMA: Hi ets des del 16 d'octubre de 2017, quan vas anar a l'Audiència Nacional.

JORDI: Ens van deixar sortir per anar a dinar i en una taula hi havia l'Andreu Buenafuente amb la Maruja Torres. El volia saludar, però quan hi vaig voler anar, ja havien marxat. Recordo la nit del dia abans, la del dia 15, com una nit magnífica. Em vaig beure una ampolla de vi, potser mitja, i em vaig menjar un bol d'ametlles garapinyades.

GEMMA: A l'hotel, a Madrid?

JORDI: No, no. A Barcelona. Vaig voler passar aquella nit a Barcelona, a casa. Tenia clar que aniria a la presó.

GEMMA: Però ja havies fet un comiat amb la Cris.

JORDI: Sí, sí. *(Riu.)* Amb la Cris vam fer el comiat la primera vegada que anava a declarar a l'Audiència Nacional. I la segona vegada, el 16 d'octubre, em vaig acomiadar amb la Txell, a Barcelona, a casa. El dia 16 vam viatjar a Madrid amb l'AVE. La Txell em va dir: «T'acompanyo». I jo li vaig dir que no, que no vingués, i li vaig dir: «D'aquí a deu anys, tot tornarà a la normalitat». I ella em va contestar: «La normalitat no tornarà mai més, si és que mai n'hem tingut, de normalitat, tu i jo». Ella era a la porta del pis de Gràcia i jo vaig entrar a l'ascensor. La porta de l'ascensor s'anava tancant i ens miràvem. Recordo aquella mirada, i la porta que es tancava a poc a poc. A poc a poc, però es va acabar tancant. Teníem tan clar que no tornaria aquell dia... que ens ho vam dir tot amb la mirada. Feia tan poc que ens coneixíem i ja havíem viscut molts moments difícils. Quan jo feia feina d'Òmnium, ella estava amb l'Amat. La Txell, he après a estimar-la a la presó. *(S'emociona molt.)* Fora de la presó l'admirava molt, però aquí he après a estimar-la. Quina dimensió tan bèstia de la vida, saber que estàs connectat amb algú altre per sobre del bé i del mal, però alhora haver d'estar preparat perquè marxi si coneix algú altre!... Jo l'estimaré tota la vida, la Txell. Si coneix algú altre i se'n va, l'estimaré tota la vida. És que potser s'ha d'estar quinze anys de la seva vida amb el company a la presó... Mentre ho gaudeixi, bé, mentre estigui bé amb aquesta situació, endavant, però, si no, si arriba un moment en què no està bé, entendré que vulgui marxar. Serà el que haurà de fer.

Gemma: Feia temps que sabies que entraries a la presó?

Jordi: A l'abril ja en vam parlar amb la Txell.

Gemma: Amb qui vas dinar el dia 16 d'octubre, quan us van deixar sortir de l'Audiència Nacional?

Jordi: Va ser l'últim dinar a fora. Estava amb la Marina Roig, el Jordi Gabarró, el Jordi Bosch i el Roger Rofín. Ells no ho volien veure, que entraria a la presó.

Gemma: Tu sí?

Jordi: Jo sí que ho sabia. No vaig declarar perquè no vaig reconèixer la competència del tribunal. Volia declarar en un tribunal de Barcelona, que és el que em pertocava aleshores i també el que em pertoca ara. Van anar passant les hores. Al vespre la jutgessa encara no havia vingut. Això demostra molt poc respecte... Finalment, va venir un secretari, ens van fer entrar en una sala i ens van llegir l'ordre d'empresonament. El Jordi Sànchez mirava el mòbil i va dir que estava sortint als diaris que entràvem a la presó just en el moment en què ens ho estaven comunicant. Jo vaig demanar si em podien dir on aniríem. «A Madrid?», vaig demanar. «Sí.» «A Soto del Real?» «Sí.»

GEMMA: Preferies anar a Soto del Real?

JORDI: Ho havia mirat a internet. Em semblava la millor opció.

GEMMA: I què deia l'ordre?

JORDI: «*Prisión preventiva sin fianza*».

GEMMA: I llavors et cau el món als peus.

JORDI: No, gens. No sabia què m'esperava, perquè mai no havia estat en una presó, però estava bastant calmat.

GEMMA: Es diu que tu i el Jordi Sànchez no sou gaire amics.

JORDI: Som molt diferents, però ens esforçàvem per posar-nos sempre d'acord. I així va ser. És una persona molt interessant i l'admiro. La gent volia que estiguéssim junts, i la presó t'uneix molt.

GEMMA: Tothom intenta fer un paquet amb els Jordis. Quan us van traslladar de Soto a Lledoners, anaves amb el Jordi Sànchez, oi? Com va ser el viatge?

JORDI: Durant la *cunda*, vam fer tres dies i tres nits junts.

GEMMA: La *cunda*?

JORDI: És argot penitenciari. La *cunda* és el trasllat. Quan t'han de traslladar, et diuen: «*Te van a cundar*». El trasllat de Soto a Lledoners amb el Jordi Sànchez se'm va plantejar com una oportunitat per conèixer-lo una mica més. Has de pensar que mai no havíem estat junts tantes hores, perquè a Soto vivíem en mòduls separats i ens vèiem poc. La tarda de la nit de Nadal, a Soto, vaig provar que ens deixessin estar junts, però no va haver-hi manera. L'*ABC* es va inventar la idea dels Jordis, com si fóssim una mena de delinqüents, com els germans Dalton, i no és així. Quan es van inventar això dels Jordis no em va semblar malament, era bonic. D'un intent d'escarni n'ha sortit un símbol. El destí del Jordi i el meu estan units, inevitablement. Tot i això, potser sí que una part de l'essència del que van ser els Jordis es va perdre amb el tema de les llistes electorals.

GEMMA: Quan ell va decidir presentar-se a les eleccions, i tu, no.

JORDI: Jo sempre he tingut clar que volia seguir sent el president d'Òmnium en entrar a la presó i també en sortir-ne. No és romàntica, la idea? Un representant d'una entitat cultural que està tancat a la presó? Jo no soc un home de partit.

GEMMA: Després de llegir-vos l'ordre, us traslladen a Soto.

JORDI: Arribem a Soto cap a les deu o les onze de la nit. En el trajecte de l'Audiència a la presó, parlem amb el Jordi. Estem bé. No plorem. Estem tranquils. El viatge amb la Guàrdia Civil va anar bé. I llavors arribem a Soto. I allò és *hardcore*. Hi havia banderes espanyoles per tot arreu, se sentia que cridaven: «¡Viva España!». A l'entrada ens va rebre un senyor molt agradable. Ens va dir que tot estava bé, que estiguéssim tranquils. Jo treballava mentalment per quedar-m'hi deu anys. Això de Lledoners ha estat un *bonus track*. Una cosa que va estar bé va ser que ens van deixar quedar la nostra roba. Normalment, et fan treure la roba i et posen una granota, pel tema dels polls, però ens van deixar quedar la nostra roba. Ens van fer despullar, ens van fer dutxar en una cel·la, amb el fred que feia a l'octubre!, em vaig dutxar com vaig poder i en sortir ens van dir que ens podíem tornar a posar la nostra roba.

GEMMA: Vas dormir amb el Jordi Sànchez, aquella nit?

JORDI: No. Un cop dutxats i després de prendre'ns les empremtes dactilars, ens van fer pujar al mòdul d'ingressos i llavors ens van separar. Aquella nit vaig compartir cel·la amb un tailandès i vaig cometre l'error greu de preguntar-li per què era a la presó.

GEMMA: I què et va dir?

JORDI: «*Por homicidio, pero yo no lo maté*».

GEMMA: Vas passar por?

JORDI: Ara no em faria por. Però llavors vaig flipar...

GEMMA: Vas poder dormir?

JORDI: Vaig dormir, sí. Vaig passar por, però em vaig adormir. Li vaig preguntar com funcionaven les coses a la presó, volia saber com anava tot: les trucades, el vis-a-vis, el locutori... M'ho va explicar tot. I llavors va ser quan vaig començar a veure de què anava tot això de la presó. El concepte de fraternitat com a principi de funcionament. L'endemà havíem d'entrar al mòdul que ens tocava. Ens van classificar, i el Jordi Sànchez i jo havíem d'anar al mòdul 1. Ens havien dit que estaríem junts, però quan vam arribar a la porta del mòdul ens van separar: ell anava a l'1 i a mi em van traslladar al mòdul 4.

GEMMA: Et va saber greu que us separessin?

JORDI: Sí que em va saber greu, però no vaig tenir gaire temps per pensar-hi. Ens van classificar per edats, en principi. Al mòdul 4 hi havia gent de la meva edat. Ens van separar per l'edat, però també per debilitar-nos, per fer-nos fràgils.

GEMMA: Un cop arribes al mòdul 4, et miraven els altres presos?

JORDI: Tothom em mirava. I un pres, un de molt alt, va cridar: «*¡Viva España!*». I jo vaig pensar: «Què faig?». I vaig decidir anar-lo a veure. I li vaig dir: «*Sí, viva todo lo que quieras, pero esta España nos ha metido a ti y a mí en la cárcel. Si quieres, nos portamos bien. Si no, nos portamos mal. Yo soy nuevo aquí*». I el company de cel·la, el Rashid, marroquí, li va dir: «*Sí, tío, tiene razón, bla, bla, bla*». I ja està: «Benvingut a la presó». Entres en l'ecosistema.

GEMMA: Passes a ser un més.

JORDI: Mira, un colombià acusat de narcotràfic em va veure, em va agafar i em va dir: «*Ven aquí. Tu, tranquilo. Piensa que yo he visto de todo y he hecho de todo, he traficado con drogas, he matado..., pero aquí todos somos iguales, todos tenemos lo mismo: cien euros para el economato, tantas llamadas y un vis-a-vis. Que tengas esto claro*».

GEMMA: La presó us posava al mateix nivell, us feia iguals.

JORDI: Però ells sí que em veien diferent a mi. El primer dia al menjador, per exemple, un funcionari em va dir : «*Tú comes en esa mesa*». I em va assenyalar una taula del principi on estigués ben visible per a les càmeres de seguretat, però aleshores no ho entenia i jo volia anar on hi havia tota la «gresca». Els deu anys a l'esplai em van anar molt bé. Allò era com si jo fos un nen que arriba a l'esplai, on tot és nou, no saps res, no entens com funciona, has de seguir unes normes que no estan escrites enlloc, no saps on és el teu lloc, no coneixes les relacions de poder ni entre els funcionaris, ni entre els presos... T'has d'adaptar tan ràpid com puguis.

GEMMA: Vas tenir por en aquell moment?

JORDI: El primer dia, per exemple, pensava: «Puc anar al lavabo del fons?», «Hi vaig?». A les pel·lis sempre passen coses als lavabos que estan més apartats, que no hi ha ningú... El primer dia no hi vaig anar. Però el segon dia vaig decidir que hi havia d'anar, que no em podia deixar vèncer per aquella por i per aquell no saber com funcionaven les coses. I vaig anar al lavabo del fons.

GEMMA: Algú va provar de fer-te res?

JORDI: No. Els primers dies se sentien presos que cridaven «*¡Viva España!*», i d'altres, «*¡Viva Cataluña!*». Hi ha molts marroquins i extracomunitaris que estan enfadats amb l'Estat. I vaig rebre moltes mostres de suport a Catalunya i també al referèndum de l'1 d'Octubre.

GEMMA: Com van ser les primeres visites que vas tenir a

Soto? Amb la Txell i l'Amat, amb els teus pares i les teves germanes...

JORDI: A les meves germanes els vaig dir: «Prepareu-vos perquè això va per llarg. Seran deu o quinze anys».

GEMMA: I què et van dir?

JORDI: La Neus, la meva germana gran, va contestar: «Encara has tardat prou a caure a la presó». *(Riu.)* Ja havia temptat el camí cap a la presó, com quan em vaig fer insubmís.

GEMMA: I l'Esther?

JORDI: L'Esther no deia gairebé res. Ella és molt patidora. Creu que estimar equival a patir. I des que soc a la presó li he ensenyat que no, que no és així: estimar algú no vol dir que s'hagi de patir per la persona que estimes.

GEMMA: I a la Txell? Què li vas dir?

JORDI: Li vaig dir que si volia agafar el referent de la Winnie Mandela, ho podia fer. Salvant les distàncies, jo no soc Mandela, però li vaig dir que si volia podia agafar el referent de les dones lluitadores, que es fan el projecte seu, que ho fes. Que podia ser la companya de Jordi Cuixart o que podia seguir fent la seva feina i quedar-se amb l'Amat.

GEMMA: I què et van dir?

Jordi: Res. Cap de les tres no em va dir res. Ni la Txell ni les meves germanes, quan els vaig dir que podien prendre o no el model de les germanes de Puig Antich. Les dones no dieu res. No heu de dir res. Ho demostreu, volent dir: «Ja tindré temps de demostrar-te què trio ser». *(S'emociona.)* De fet, no feia falta que les meves germanes fessin de germanes de Puig Antich ni que la Txell fes de Winnie Mandela. No han de demostrar res a ningú. I jo no els ho havia de demanar, no calia. No calia que fessin de ningú altre. Tot és més senzill. No calia que diguessin si volien fer una cosa o una altra. No calia. Han estat elles mateixes i han estat a l'altura.

Gemma: Quan feia onze dies que eres a la presó, van proclamar la República. Com recordes aquell 27 d'octubre?

Jordi: Em van informar que hi havia la intenció de declarar la independència. Em van fer arribar un missatge del Marcel Mauri en què em deia que hi havia reunions, que el Consell Executiu de la Generalitat estava debatent la situació. I va ser el Consell Executiu que va prendre una decisió. Va ser així. Que ningú no ho dubti. El Marcel em va demanar la meva opinió i jo li vaig respondre: «Marcel, tingues present que ara tu representes el carrer. Decidiu el que decidiu, m'estarà bé. La posició de la Junta d'Òmnium, sigui quina sigui, serà la bona. Feu allò que cregueu que és millor per a la societat catalana». Em va demanar: «I si proclamen la independència?». Jo li vaig respondre: «Si les coses estan com els últims dies, no estem preparats». El que vam fer el 20 de setembre i l'1 d'octubre va ser reaccionar davant d'una situació injusta. I amb els meus actes d'aquells dies no tan sols vaig legitimar la meva desobediència civil, sinó que ho vaig fer per preservar drets fonamentals, com el de manifestació (el 20 de setembre) o el dret a la dissidència política (1 d'octubre). I si això va en contra de la llei vigent, aleshores tinguem en compte que hi ha drets, drets fonamentals com aquests, que estan per sobre de la llei.

Gemma: Seguies les notícies, aquells primers dies a Soto? A la cel·la?

Jordi: Sí, quan podia pujar a la cel·la mirava la tele. I era molt bèstia tot el que deien, molt. I com ho deien. El relat dels periodistes estatals era bèl·lic. Feien servir un llenguatge bèl·lic, dient que a Catalunya s'havia fet un cop d'estat, parlant de la fugida de les empreses... La força mediàtica amb què van tractar el tema em va xocar. No necessitaven que els diguessin què havien d'ensenyar. Ho sabien perfectament.

Gemma: Entens que les imatges de la desobediència puguin resultar agressives als ulls de segons qui?

Jordi: La desobediència civil és el que ha fet avançar la humanitat. Sempre ha estat així. De vegades tens l'obligació de desobeir. El llibre *Walden o la vida als boscos* em reafirma en les meves conviccions. Quan el vaig llegir, vaig veure que la desobediència civil era una actitud que a mi ja em sortia de manera natural. La desobediència civil només es pot donar si coincideixen dos factors fonamentals: primer, que no hi hagi violència i, segon, que el bé que es vol defensar sigui col·lectiu, no pot ser individual. Si es tracta d'un bé individual, no es pot fer servir la desobediència civil. I la desobediència civil, per definició, és pacífica, perquè un dels factors essencials que es requereixen és que no hi pot haver violència. Per tant, no cal que diguem «desobediència civil pacífica». Hi sobra l'adjectiu *pacífica*, perquè la desobediència civil ja ho és, de pacífica.

GEMMA: A Soto, els presos s'acostaven a tu? Creus que ho feien per interès?

JORDI: Se m'acostaven per demanar-me coses.

GEMMA: Què demanaven?

JORDI: Un cafè o que els comprés coses a l'economat.

GEMMA: I tu ho feies?

JORDI: Sí, i tant! Sempre he tingut molt clar que un 10 % de la meva riquesa no em pertoca. Per tant, els comprava el que em demanaven. A més, els cent euros a la setmana que tinc jo no me'ls gasto mai tots. No els necessito tots per passar la setmana.

Gemma: Què es pot comprar amb aquests diners?

Jordi: Tabac, cafès, productes per a la higiene personal, com ara sabó, productes per afaitar-se, una mica de menjar (tonyina, embotits...).

Gemma: I als presos els compraves el que et demanaven per acostar-t'hi? Per trobar-hi un punt de connexió?

Jordi: Ho feia perquè ho volia fer, però també per relacionar-m'hi, sí. És molt dur quan t'expliquen delictes per violència de gènere o amb nens... uf!

Gemma: La gent diu moltes mentides a la presó.

Jordi: Mira, del que et diuen, creu-te'n la meitat. I del que veus, creu-te'n una quarta part. El problema de la presó és que no pots verificar el que et diuen, no ho pots contrastar amb ningú, perquè tothom es coneix d'aquí, del moment d'entrar a la presó. No hi ha una tercera persona amb qui puguis parlar i comprovar si allò que t'han dit és cert. Si veus dues persones que són amigues, ho són de la presó, no ho són d'abans. Per tant, no hi ha manera de saber què és veritat i què no ho és.

Gemma: I tothom amaga coses.

Jordi: Potser hi ha gent que no menteix. Hi ha gent que explica la veritat. Però és clar que, si bé la gent no menteix, segur que hi ha coses que amaga, coses que no explica.

Gemma: Hi ha màfia a la presó?

Jordi: Hi ha un sistema de subsistència increïble que s'hauria de fer extensiu a la resta de la societat. Els presos s'ajuden els uns als altres. Seria com si dos coixos s'ajuntessin i en fessin un que caminés més o menys bé. A la presó aprens a no prejutjar ningú. Si quan sortissin a fora ho continuessin fent així... Si la gent del carrer aprengués a no prejutjar... Veus algú que acaba d'arribar a la presó i fa mala cara, no el coneixes de res, però t'hi acostes i li dius: «Hola, com va?». I a partir d'aquí hi parles, si en té ganes, o no, si prefereix estar sol. Però ja li has ofert ajuda.

Gemma: És una bona actitud davant de la vida.

Jordi: Sí que ho és. Aquesta és una de les coses més boniques de la presó. Hi ha tones i tones d'humanitat. Veus dos tios que pugen les escales i que no poden, que s'ofeguen a mitja escala, i l'un li passa el Ventolín a l'altre (els Ventolins van molt buscats a la presó) i li diu: «*Ya me lo devolverás mañana*». En canvi, vas pel carrer i veus algú que no para de tossir i no li dius res, ni tan sols li ofereixes un caramel ni que en portis una dotzena a la butxaca.

Gemma: I què és el pitjor de la presó?

Jordi: Quan feia artteràpia a Soto, ens van demanar que féssim un dibuix amb les zones maques i les zones lletges de la presó. I no el vaig poder fer, perquè no trobava que hi hagués cap lloc de la presó que fos lleig. I no puc respondre aquesta pregunta, perquè no hi ha res que em sembli el pitjor de la presó. Fins i tot el calabós s'ha convertit en un espai amable. El calabós és el lloc on et fan esperar abans d'anar a declarar. I de vegades t'hi has d'estar quatre o cinc hores. I això sí que és com ho veus a les pel·lícules: és un lloc amb molta humitat, tancat completament, sense ni una sola finestra, brut i amb molta olor de pipí. Hi ha un forat per fer pipí i una mena de jaç per estirar-t'hi, amb una manta. No hi ha ni un rellotge. El primer cop que hi vaig anar em va semblar un lloc molt hostil, però després ja no. Aprofito les quatre o cinc hores d'espera per fer meditació. Em començo a oxigenar, respiro... Durant el judici hi haurem d'estar moltes hores, al calabós. Ens hi duran cap a les set del matí i potser fins a la una no declararem. Són moltes hores.

Gemma: Quan arribes a Lledoners, tot és diferent. Més polititzat?

Jordi: Sí, aquí podríem muntar una secció local d'Òmnium i tot. Som set socis dels presos polítics i set socis més que he fet entre els presos. Catorze socis d'Òmnium en total al mòdul.

Gemma: M'explicaves abans que els dissabtes veus l'Amat,

cada dissabte des que vas entrar a la presó. Quaranta minuts cada setmana al locutori, amb el vidre entremig. Abans, quan ploraves, et volia acostar la meva ampolla d'aigua perquè en beguessis i m'he adonat que no podia. El vidre és el que et recorda que ets a la presó?

JORDI: *(S'emociona molt.)* Està bé que hi sigui, el vidre, perquè no oblidem mai que som a la presó. No és que vulgui que hi hagi el vidre; evidentment, seria millor que ens poguéssim relacionar sense el vidre al mig, però el vidre fa que no oblidem on som, que no normalitzem la situació.

GEMMA: En algun moment oblides que ets a la presó?

JORDI: Hi ha molts dies que sí. A Soto també em passava, tot i que allò era més presó, era més presó autèntica. Allà vaig passar molt fred, molt. Quan vaig arribar aquí, al juny, portava posat el polar, però no perquè fes fred, sinó per no perdre'l, perquè havia passat tant fred que no podia perdre de vista el polar. Jo soc de muntanya i estic acostumat al fred, però allà vaig passar molt fred, molt. Vaig connectar amb els lluitadors del segle XIX, amb totes les persones que han lluitat per la democràcia i per les llibertats. Gent que està tancada en presons molt diferents d'aquestes, fins i tot molt diferents de Soto del Real. Les nostres presons són de cotó fluix comparades amb segons quines. A nosaltres no ens han fet res. No ens han torturat. Set presos polítics aquí som un problema, mentre que quaranta mil presos polítics a Turquia només són una estadística.

Gemma: Per què Soto era més presó que Lledoners?

Jordi: Allò era més presó de veritat, allò era el *talego*. Allà sí que érem més presos polítics que a Lledoners. Allà ets a Castella i això es nota. I no tenim privilegis ni aquí ni allà. Qualsevol que entra a la presó sap que no hi tens privilegis, tret que estiguis sol en un mòdul, però ni així.

Gemma: Molts presos ho diuen: «A la presó hi entres sol». Ni que tinguis suport, hi entres sol.

Jordi: És veritat.

Gemma: Veies el Sandro Rosell?

Jordi: Ell era al mòdul 10, i jo, al 4. Al cap de vuit mesos de ser a Soto, em van traslladar al mòdul 10, un mòdul de respecte, però fins aleshores vaig estar al mòdul 4, que era un mòdul amb metadona, alguna baralla... No era un mòdul dels més conflictius, però tampoc no era tou. I el Sandro, sí, sí que el veia, ell i el Joan són molt estimats per tothom. El primer cop l'havia vist a missa.

Gemma: A missa? Tu, a missa?...

Jordi: Hi vaig anar un cop i vaig conèixer el Padre Paulino. Quina connexió que vaig tenir amb aquest home! Però llavors va parlar malament dels gais i les lesbianes, i em vaig enfadar i no hi vaig tornar més. Però tot i així hi vaig mantenir una relació molt bonica.

GEMMA: No ets creient, doncs?

JORDI: Soc una cosa rara. Bé, rara no. Soc ateu i cristià alhora, reconec que hi ha un punt de connexió a l'univers, certa energia... David Jou, que és científic i poeta, també en parla. És que tot és tan perfecte que segur que hi ha d'haver alguna cosa. Jesús segur que va existir, i també Maria Magdalena i la Verge, però segur que hi va haver algun quiqui pel mig... Alguna cosa hi ha.

GEMMA: Explica'm com són els vis-a-vis. Deu ser un moment en què les emocions són a flor de pell. Us podeu abraçar, podeu compartir el mateix espai, sense cap obstacle, cap vidre al mig.

JORDI: Hi ha dos vis-a-vis al mes amb l'Amat. Són els vis-a-vis de convivència. I un al mes d'íntim amb la Txell. Cada vis-a-vis dura una hora i mitja. En els vis-a-vis el temps passa molt de pressa. Et relaxes, et sents còmode i no te n'adones i ja s'ha acabat el temps. Si amb el vidre, segons com, ja t'oblides que ets a la presó i el temps passa ràpid, a l'espai de convivència això encara passa molt més. De vegades, amb la Txell diem: «Com pot ser! Ja s'ha acabat el temps i encara no hem parlat de res!».

Gemma: I el vis-a-vis íntim és complicat? És difícil connectar emocionalment amb la parella en un espai que no és el vostre? Ve de gust tenir relacions sexuals en un espai com aquest?

Jordi: I tant que ve de gust tenir-ne! Nosaltres hem fet l'amor en un vis-a-vis de convivència, mentre l'Amat dormia. Ens arraulim en un racó, sota la manta, i ens acaronem. Si algun dia no vingués de gust fer l'amor, doncs no el faríem. No fem res que sigui forçat, tot flueix. Un cop, en un vis-a-vis íntim, vam obrir el llum i vam veure que ens havia tocat la sala més rònega del món, amb els tubs de la calefacció que es veien, les parets escrostonades, i la Txell va dir: «Hòstia!, aquesta habitació d'hotel que m'has reservat rotllo Sónar està molt bé».

Gemma: El dia que et vaig venir a veure amb la Txell, quan estàvem a punt d'entrar, va passar pel detector de metalls i li van trobar un pintallavis. «No el pot entrar», li van dir. I llavors va tenir un gest que recordaré sempre: va agafar el pintallavis, el va obrir, es va pintar els llavis i va guardar el pintallavis a la taquilla. Es pintava els llavis per a tu, per venir-te a veure, en un entorn tan fred com és la presó.

Jordi: Ella és així. Ella ho fa per mi i jo també provo de mudar-me per a ella. Ho fem tots dos. Perquè estem creant la nostra família, estem fent créixer el nostre amor. I això em dona coratge. Pensa que en una hora i mitja que tenim cada setmana ens hi deixem la pell: discutim, ens reconciliem, ens estimem... En una hora i mitja cada setmana ho hem de fer tot. Hi ha hagut vis-a-vis i locutoris molt durs, molt. Recordo un locutori a Soto molt dur. Quan va marxar, vaig fumar. Ha estat l'únic cop que he tornat a fumar des que vaig entrar a la presó.

Gemma: Què va passar?

Jordi: Aquell dia, parlàvem, parlàvem, però no ens enteníem. Jo no podia comprar res, no tenia res. I només feia que fer-li encàrrecs, demanar-li que em portés coses, que em comprés coses... Aquells primers dies, Òmnium Cultural encara no estava gaire per mi, tenien feina a encaixar la situació i les circumstàncies. Ara no em deixen sol, estan a sobre meu a totes hores, però aquells primers dies van ser molt durs.

Gemma: Als primers locutoris, la Txell et feia retrets?

Jordi: Jo ho entenia així, sí. Des de fora es pensaven que sortiríem aviat, però jo provava de fer entendre al meu entorn que anava per llarg. Jo els deia: «Preparéu-vos». És molt bèstia tot això: em preparo per passar molts anys a la presó, però, alhora, lluito cada dia per sortir-ne l'endemà al matí.

Gemma: És un mecanisme d'autodefensa.

Jordi: Si no afrontes les pors de la vida, la teva decisió no s'aguanta perquè la natura t'hi forçarà igualment, a viure les pors. Vaig haver de dormir amb algú que havia matat una persona... Si no hagués estat capaç de superar la meva por, no hauria dormit, hauria estat patint per la por tota l'estona. M'hi havia d'enfrontar. I el mateix amb la presó. Hi passaré molts anys. M'hi he de preparar i penso com serà la meva vida d'aquí a deu anys.

Gemma: Et construeixes un relat èpic per sobreviure.

Jordi: Vaig entrar a la presó seguint una èpica: el president d'Òmnium Cultural, una entitat fundada per burgesos, fill d'obrers i empresari fet a si mateix, de família castellanoparlant que abraça la causa trencant qualsevol estereotip identitari. Ara estic més còmode. M'he trobat defensant una cosa més èpica que el dret d'autodeterminació de Catalunya. Ara estic defensant la democràcia. És una cosa tremenda. I si vols que et digui la veritat, preferiria que la meva acusació fos perquè m'he lligat a una central nuclear i que estigués tancat a la presó per defensar el planeta. El planeta és una causa més gran que el dret a l'autodeterminació. La meva vida ha agafat una dimensió més gran a la presó perquè la causa que estic defensant és la democràcia.

Gemma: Abraces la democràcia però no pots abraçar el teu fill. Això no et crea una contradicció? T'estàs perdent el teu fill, no el pots abraçar, no el veus com creix.

Jordi: Soc afortunat perquè el veig quaranta minuts cada

setmana. Ara em deu estimar, però sé que serà quan sigui gran que entendrà què ha fet el seu pare. Bertolt Brecht diu que el millor regal que pots fer als altres és l'exemple de la teva pròpia vida. No puc donar consells. Jo puc fer la pregunta. Et puc fer preguntes i si entens la pregunta, sovint allà, en el procés d'entendre la pregunta, ja hi ha el 50 % de la resposta. El que estic fent és la millor demostració d'amor per a l'Amat. I ho sé, ho sé, un nen necessita el seu pare. Recordo l'Uri i el Pol, que els feia de pare i necessitaven que hi fos. Però a l'Amat no deixo de fer-li de pare: parlo amb les tutores de l'escola al locutori, li escric cartes, li canto la cançó de *L'elefant del parc*, li escric contes, li transmeto l'amor per l'art, per la música... Li transmeto que s'estimi la vida, que és molt important estimar-se la vida... Però sí, tinc contradiccions. L'Amat haurà de viure un altre Nadal sense el seu pare.

Gemma: I si un dia, quan sigui gran, el teu fill et diu que l'has enganyat? Que no hi has estat, que no t'ha tingut...

Jordi: *(S'emociona.)* Tens raó. Això de l'Amat no ho tinc prou treballat. He de fer un procés sobre això. Però, tot i que sé que he de passar un procés, tinc molt clar que si m'estimo amb bogeria el meu pare, si jo puc estimar el meu pare...

Gemma: Que no hi ha estat...

Jordi: Que no hi ha estat. Com l'Amat no pot estimar-me

a mi? Vaig rebre una carta d'un fill d'un pres polític dels anys seixanta i setanta. El fill li deia al seu pare que ja n'hi havia prou d'entrar i sortir de la presó, que deixés de fer el que feia perquè no el fiquessin més a la presó. I em va escriure: «Vaig trigar molts anys a aprendre a estimar el meu pare, però ho vaig fer». Cada carta té una lliçó. Sé que hauré de ser pacient amb el meu fill. Hauré d'esperar. L'Amat no va escollir els pares que té: la mare és una bèstia parda, i el pare era normalet, però li han passat coses que l'han fet excepcional.

Fa un silenci llarg. La sessió no és fàcil, en Jordi s'ha emocionat diverses vegades.

JORDI: Aquesta entrevista, Gemma, és un regal. I, de veritat, no ho estic passant malament.

GEMMA: Avui sí, no? Una mica...

JORDI: Avui ploro més. M'emociono més fàcilment que l'altre dia. Els últims quinze dies he passat molta tensió. Gestiono bé la tensió, però ha estat molt dur.

GEMMA: Vas escriure una carta a l'Empar Moliner en què parlaves molt del fet d'abraçar-se, tota la carta girava al voltant de paraules com *abraçar*, *acaronar*, *tocar*...

JORDI: Aquí ens abracem molt. Ens toquem. No puc abraçar els amics, no et puc abraçar a tu... No puc abraçar la gent que he estimat abans de la presó. Només puc abraçar la meva família i els presos.

Gemma: Us abraceu amb els presos?

Jordi: Sí, molt.

Gemma: El primer cop que la teva mare va venir a la presó, feia noranta dies que no la veies. El teu pare no va venir.

Jordi: El meu pare no s'hi veia amb cor.

Gemma: Quan la vas veure, com va ser?

Jordi: Va ser molt bonic. Però havia d'estar fort. No em podia deixar anar.

Gemma: Va ser molt dur?

Jordi: Jo estava sensible. Però estava content que la meva mare no m'hagués vist aquells primers mesos a la presó. Amb la Txell he plorat molt.

Gemma: Vas plorar molt aquells primers mesos?

Jordi: Vaig plorar molt, però vaig deixar de fer-ho, perquè jo ja havia plorat molt abans d'entrar a la presó, molt. Havia plorat molt.

GEMMA: Pel teu Vietnam.

JORDI: Pel meu Vietnam, sí. I ja he deixat de plorar. El meu amic Jesús, a Soto, em va dir: «Això de plorar està bé, però arriba un moment que te'n canses». Vaig connectar-hi molt, amb el Jesús. És un nano molt espontani, i ara tenim una promesa a mitges: si ell escriu un llibre sobre la seva experiència amb les drogues i la presó, jo en faré el pròleg. Amb el Jesús fèiem artteràpia junts i parlàvem de sentiments. En aquell taller verbalitzem que els homes també ploren, és una feminització de la presó. He de reconèixer que a Soto, al començament de tot, vaig plorar molt. I pensava: «Hem d'aguantar. Hem d'aguantar». I el dia que la meva mare em va venir a veure va ser molt bonic. Jo em sentia fort aquell dia. I aleshores vaig fer la carta oberta a l'Empar Moliner. Però ara ja fa molt temps que no ploro. Quina mandra, plorar! El que em preocupava en aquells moments eren els meus nebots.

GEMMA: Per què?

JORDI: Tenia por que es radicalitzessin. La Berta i l'Arnau, que són fills de l'Esther i la Rosario; el Pol, que és fill de la Neus, i l'Àgueda, que és filla d'un altre matrimoni de la Neus. Pensava que s'imaginaven el tiet a la presó i que potser això els faria radicalitzar. Per la Gal·la, la Júlia i el Fèlix no patia tant, perquè eren molt més petits. Els escrivia cartes i els explicava que el que havia passat no era culpa dels ciutadans espanyols, sinó de la justícia espanyola. Estava aïllat a la presó, parlava amb l'Esther d'això i realment no sabia com podia reaccionar un nen d'onze anys davant d'una situació com aquesta. No volia que es plantés la llavor de l'odi com havia passat al País Basc, on l'odi passava de pares a fills.

Gemma: Creus que aquesta llavor de l'odi s'ha plantat en molts joves?

Jordi: Més que odi, crec que és ràbia. I la ràbia s'ha de fer passar, com la por. Hi ha hagut violència física per una banda i hi ha hagut ciutadans catalans i espanyols que s'han sentit agredits. Hi ha hagut gent que ha tingut por, molta por. L'1 d'octubre hi va haver molta gent que va tenir por de votar i el 27 d'octubre hi va haver molta altra gent que va tenir por perquè es pensaven que passarien a ser ciutadans de segona.

Gemma: Hi ha gent que no et ve a veure per por de les conseqüències que això pot suposar. Entens que no vinguin?

Jordi: I tant. Tota l'empatia del món. Qui cregui que m'ha de venir a veure que vingui, i qui pensi que no ha de venir, pels motius que sigui, doncs que no vingui. No passa res. No els ho retrauré mai. Ho entenc. I, tot i que ho entenc, sí que és veritat que, a les persones que pensen que voldrien venir però no ho fan, els demanaria que es preguntessin per què no venen. Si la resposta és perquè tenen por, només els demanaria que s'ho pensessin bé. Penseu-hi bé. Només hi ha un enemic: la por. Hem de poder parlar del dret a l'autodeterminació, de la sobirania de Catalunya, sense que això generi por ni en una banda ni en l'altra. Hem de parlar amb l'adversari i dir-li: «Com ho hem de fer per deixar de tenir por tots plegats?». L'Estat, quan va mobilitzar vint mil tios per aturar el referèndum, ho va fer perquè tenia por que marxéssim. Si no hagués tingut por que marxéssim, no ho hauria fet. La violència institucional i també la violència de gènere són conseqüència de la por. Per això és tan important que deixem de tenir por.

GEMMA: Hi ha gent que t'ha decebut després d'entrar a la presó? Notes que hi ha gent que potser no t'està fent costat?

JORDI: No soc ningú per dir que algú em decep perquè fa una cosa o en fa una altra. No soc ningú per dir que algú m'ha de venir a veure.

GEMMA: Del teu entorn personal?

JORDI: No, ningú. Sé que si no m'escriuen és perquè són gandulots. Les meves amistats no són persones politització des. De fet, soc una *rara avis* en el meu entorn. No tinc amics famosos... Bé, sí, conec el Pep Guardiola, però no som amics perquè ell sigui famós, som amics perquè ens estimem molt. El meu entorn natural és molt bàsic. I m'encanta que sigui així. És una cosa que m'ancora a la terra. El bisbe Buxarrais, que és de Santa Perpètua de Mogoda i que ara viu al Brasil, explica que quan la gent veu un arbre, en general, es fixen en les fulles, en les branques, en el tronc, que sigui un bon tronc, i, si és un arbre fruiter, en els fruits..., però ningú no pensa en les arrels. I per a mi les arrels són molt importants.

Gemma: T'agrada agradar als altres?

Jordi: Sí, i tant, m'agrada agradar. I faig coses per agradar als altres. No ho dubtis ni dos segons. De vegades tinc una mala entrada, però, al final, acabo agradant, potser la mala entrada em condueix a agradar després... No ho faig a consciència, la veritat. Amb els poderosos sí que tinc sempre una mala entrada. Si no fos per Santa Perpètua, segur que no seria com soc. A veure, també he de dir que per agradar no m'estavellaria.

Gemma: Per què no faràs la vaga de fam?

Jordi: És una decisió meditada a Òmnium. No faré vaga de fam per convenciment. La vaga de fam és un instrument que tenim tots els presos, tots. Però és l'últim recurs que s'ha de fer servir. Sí, ho sé, és una injustícia que el Tribunal Constitucional no vulgui resoldre els recursos d'empara, però encara queda molta feina per fer, encara queda treballar en la defensa del judici. És una decisió que s'ha de respectar, i la respecto. No tan sols això, sinó que els acompanyo en la seva decisió. Vam filtrar la foto dels set presos polítics el mateix dia que s'anunciava la vaga de fam, per acompanyar-los. (La foto era legal. Els presos, quan fa tres mesos que han arribat, tenen una trucada més i una foto amb la família. Nosaltres vam demanar que, en comptes de fer la foto amb la família, ens la volíem fer tots junts.) Vam treballar de manera diplomàtica el procés per anunciar qui feia vaga de fam: primer van ser dos de Junts per Catalunya que ho van anunciar i després dos més, perquè Esquerra no quedés descol·locada en tot plegat.

GEMMA: La vaga de fam ha generat mal ambient entre els presos polítics?

JORDI: L'hem gestionat bé, la situació, però ha estat una decisió unilateral. En tot cas, soc a la presó per resoldre el conflicte. Si he de passar deu o quinze anys a la presó, els hi passaré, però vull que el conflicte es resolgui. No sé què s'ha de fer, però tinc molt clar que aquí dins la meva lluita no és per sortir de la presó, la meva lluita és per aconseguir que la situació es resolgui.

GEMMA: I si arriba l'indult?

JORDI: Doncs si arriba l'indult, hauré de sortir, perquè no et pots quedar a la presó si hi ha indult. La llei no ho permet. Deixes de tenir el qualificatiu de pres i ja no pots ser a la presó. T'obliguen a sortir. Però penso que això no passarà.

GEMMA: Per què?

JORDI: No espero l'indult perquè penso que Espanya no

està preparada per donar-lo. I si arriba l'indult, serà una mala notícia per a Espanya perquè voldrà dir que es gira full i no es resol el conflicte. I aquest problema s'ha de solucionar ara, no el podem traspassar a les properes generacions. Ja l'hem anat arrossegant d'una generació a una altra durant molts anys. Fins ara havien dit que moltes coses no es podien fer, però sí que es podien fer, perquè les hem fet: votar l'1 d'Octubre, per exemple. Qui diu que no podem fer un referèndum vinculant al segle XXI?

GEMMA: Abans deies que no tens por dels poderosos. Quin va ser el primer poderós a qui vas plantar cara?

JORDI: Era jovenet, tenia setze anys i em vaig plantar davant de l'amo de l'empresa on treballava. Un dels dos socis de l'empresa on escombrava el taller de la fàbrica.

—Nano, com vas? —em va dir.

—Aquesta empresa és teva? —li vaig preguntar.

—Sí, és meva.

—Jo algun dia també faré la meva empresa.

—Home, Jordi, que la teva mare és carnissera!

—Però tu què t'has pensat?

Es va quedar tan sorprès que li respongués això que va callar i se'n va anar.

GEMMA: I l'últim cop que has plantat cara a un poderós?

JORDI: Va ser amb el referèndum. Llavors també vam dir a l'Estat espanyol: «Però què t'has pensat?».

GEMMA: I a la presó, has plantat cara a algú?

JORDI: Aquí no. L'Amat m'ho ha ensenyat. Aquí les coses són diferents. Aquí has de ser empàtic. L'objectiu final és el mateix, però la manera d'arribar-hi és diferent, sobretot perquè les conseqüències de fer-ho d'una manera o d'una altra, aquí a la presó, són diferents. Quan planto cara a algú altre és per dir-li que tinc el mateix dret que ell a muntar una empresa.

GEMMA: En què has canviat des que ets a la presó?

JORDI: M'he conegut més. M'he alliberat. Aquí puc ser jo mateix. Puc dir el que vulgui i puc ser més tendre amb l'adversari. Aquí no he de fer cap míting. Des d'aquí escric una carta als cent trenta-cinc mil socis d'Òmnium i els explico que anirem a judici, que estiguin tranquils, que serem forts, que persistim... I ja no he de cridar.

GEMMA: Cridaves molt abans d'entrar a la presó?

JORDI: Abans cridava, sí. Si ara em fessin dir alguna cosa en públic cridant, no podria. *(Alça la veu i imita el posat d'un míting.)* «Els catalans farem...» Ui, no, no. Ja no podria. No soc ningú per dir-los als catalans què han de fer. Ara, a la presó, ja puc dir el que vulgui. Què no puc dir, jo, sota l'amenaça que em fotran a la presó? Jo ja hi soc, a la presó! Espero que sortiré abans d'acabar la condemna. Sé que hi haurà condemna. Sé que serà alta. I sé que sortiré potser abans gràcies a Estrasburg.

Gemma: Quantes vegades m'has mentit fins ara?

Jordi: Conscientment, cap.

Gemma: En un altre moment de l'entrevista has dit que a la presó tothom en diu, de mentides.

Jordi: A la presó he trobat actes de sinceritat absoluta. La gent es despulla i t'ho explica tot. Coneixes algú i al cap de deu minuts ja està en pilota picada: t'ha explicat la seva vida, les seves fortaleses, les seves debilitats, tot. Dic poques mentides expressament. Sí que és veritat que em munto les meves pel·lícules. Potser vivim una situació tots dos i tu ho veus d'una manera i jo d'una altra, fins al punt que diràs: «Segur que hem viscut el mateix? Segur que érem al mateix lloc?».

A partir d'aquí fins al final de l'entrevista es va sentint de tant en tant una alarma de fons, que no sabem què és, però en Jordi diu que no m'he de preocupar, que no passa res.

Jordi: *(Continua.)* Recordo l'irlandès, el company de cel·la que vaig tenir durant vuit mesos a Soto del Real. Vaig fer un aprenentatge brutal amb ell. Pensa que amb el company de cel·la hi passes moltes hores, ho fas tot amb ell: cagues, pixes amb ell... Amb ell vaig compartir-ho tot. Amb ell vaig viure la nit del 24 de desembre, el dia de Nadal... Vaig aguantar les seves paranoies, ell va aguantar les meves. El primer dia que va arribar a la cel·la estava destrossat. Era un estranger que venia d'un altre mòdul. En general, a la cel·la es posen dos presos que siguin culturalment propers, però a mi, en comptes de posar-me amb un espanyol, em van posar amb un irlandès. També venia de l'Audiència Nacional i havia tingut un problema de drogues a Sud-amèrica. La Interpol el reclama, però les presons allà són molt dures. Imagina't com surt la gent d'aquelles presons... I el van estafar estant a la presó. Jo ho veia, jo veia com l'estafaven.

Gemma: Qui el va estafar?

Jordi: Un altre pres que era a la presó per estafa. Li va vendre la moto que podia ajudar-lo. El vaig advertir: «Te l'estan fotent. Vigila». Però no em va fer cas. Llavors un dia el vam agafar entre quatre o cinc tios i li vam dir que prou, que l'estaven estafant.

Gemma: I l'estafador li demanava molts diners.

Jordi: Molts. Ell tenia quaranta-cinc anys i una filla de tretze. No va poder tornar amb la filla i potser l'han deportat a Sud-amèrica, perquè intento contactar-hi però no he pogut. Érem companys de cel·la i vam passar aquella crisi junts. Va ser durant els dies de Nadal.

Gemma: No hi ha Nadal a la presó.

Jordi: No hi ha Nadal, no se celebra, però el Nadal hi és.

A les set de la tarda del 24 de desembre notes com el mòdul cau. La presó s'ensorra. L'estat anímic de la presó cau i notes la depressió que s'estén, fins i tot ho notes entre els marroquins. No celebren el Nadal, però el dia 24 a la nit també cauen en la mateixa tristesa que la resta dels presos. Jo no celebrava el Nadal, bé, només les festes justes, em vaig treure festes de sobre..., però a la presó com es notava que era Nadal!... Quina hòstia que es fot tothom el dia 24! Jo anava veient com la depressió s'apoderava de tothom. De cop i volta, veies que la gent que era al pati deixava d'anar en grup, tothom se separava, ningú no volia estar amb ningú, ningú no volia parlar. A les vuit del vespre l'única cosa que hi ha són uns quants polvorons per sopar, res més. De cop i volta, un pres s'enfila a una taula i comença a cantar nadales. Llavors un pres romanès també comença a cantar cançons en romanès. Llavors l'ambient reviscola una mica. Però a tres quarts de nou tothom estava tancat a la seva cel·la. El meu company de *chabolo* —vol dir «cel·la»— estava molt girat. No va parlar ni aquella nit, ni per Nadal, ni per Sant Esteve.

GEMMA: No va dir res en tres dies?

JORDI: No, tres dies, no, va estar tot un mes sense dir res! Però fins i tot això ho vaig aprendre a gestionar. Llegia *Walden*, no, *Walden* no, que me'l va enviar la Txell. Llegia un llibre que em va deixar en català un pres que era molt bona persona; em va deixar un llibre i dues targetes per trucar. Llegia *Tòquio blues* una vegada rere l'altra. No tenia res més. Potser me'l vaig llegir quaranta vegades! Quan va arribar l'irlandès, el primer dia no parlava ni català, ni castellà. Tampoc no parlava anglès, ni francès. No deia res! I vaig pensar: «M'han posat amb un pres amb qui no puc parlar!». En aquell moment no sabia res de la presó, encara. Però vas aprenent a viure amb persones que no has escollit. Després, al cap de vuit mesos, em van passar al mòdul de respecte.

GEMMA: I el dia de Nadal, com va ser?

JORDI: El dia de Nadal, res. Només va ser la nit del 24. Abans de la presó tampoc no celebrava gaire les festes. De fet, recordo l'últim Cap d'Any amb la Txell.

GEMMA: I el tió?

JORDI: Amb el tiet Pepe de Santiga sí que ho celebràvem més. Ell era més sensible. I allà ens reuníem tiets i cosins, cantàvem cançons, menjàvem *migas*, *chistorra*... i fèiem cagar el tió.

GEMMA: Així no celebràveu Nadal a la família? Ni Reis?

JORDI: Sí, dona, el dia de Nadal, galets i carn d'olla, i per Reis els meus pares em regalaven el Fuerte Apache de Playmobil i ja està. No fèiem mai res gaire excepcional, ni pels aniversaris. Potser em regalaven una diana amb boles que s'enganxaven. Ara és molt diferent. Els meus pares s'han adonat de la vida amb els nets. La meva mare se'n va anar a fer de cuinera als campaments per estar amb el Pol, el meu primer nebot. Amb mi no ho havia fet mai! De fet, la meva mare va deixar la carnisseria per estar amb el Pol, el net. Quan jo era a l'esplai i marxàvem d'excursió amb els nens al Pedraforca, la meva mare em preguntava: «I com saps el camí per pujar-hi amb els nens?». Era com si es pensessin que no em sabia espavilar. Després, per no patir, no parlàvem. Quan jo li deia: «Mama, he pujat a l'Aneto!», ella em contestava: «Què vols per dinar?». No volia parlar de res que impliqués alguna mena de perill.

Gemma: Vol evitar el conflicte, però té un fill que està ficat en un de ben gros.

Jordi: Els meus pares s'ho estan passant bé.

Gemma: No, Jordi, no.

Jordi: Sí. Estant patint, però s'ho estan passant bé també. El meu pare ara té un al·licient. Va tornar a cuidar-se quan vaig entrar a la presó perquè té l'al·licient de tornar a estar amb el seu fill. Té setanta-quatre anys, el meu pare. I li vaig dir: «Jo de tu deixaria el conyac i menjaria menys. Si no et cuides, no passarem un altre Nadal junts. I no sortiré d'aquí a un any». Sí, sí que pateixen, però ara veig fotos i m'adono que se socialitzen, que viuen, que estan forts, que veuen que no tot comença i s'acaba a la fàbrica.

Acabem aquí la segona conversa de quatre hores. Ens diem adeu picant al vidre. Quan passem pel pati, ja no hi ha boira, però continua fent fred. El funcionari de l'entrada em pregunta: «Com l'has vist? Com està?». Li responc: «Està bé, està fort. Desprèn energia». I surto de Lledoners.

III

Política

Lledoners, 18 de desembre de 2018

Surto de casa d'hora. Vaig amb temps de sobres. Però a mig camí, a l'altura de Terrassa, trobo un accident i estem parats una bona estona. Aquesta tercera conversa havia de ser sense vidre, però a última hora no ens ho han autoritzat. Abans-d'ahir vaig conduir un programa televisiu de quinze hores en directe, La Marató *de TV3, per recaptar diners per a la recerca mèdica. En Jordi entra al locutori rient, exultant. Se'l veu segur, serè. Com quan sortia a l'escenari per fer un míting. Avui comença parlant ell.*

JORDI CUIXART: Hola, Gemma! Com estàs? He pensat molt en tu... Vaig veure *La Marató* i no parava de pensar: «Que bé que ho fa!». Però patia, pensava que devies cansar-te molt. Deus estar esgotada!

GEMMA NIERGA: Doncs va ser molt esgotador, però va anar molt bé! I avui arribo tard perquè he trobat un accident a Terrassa, hem hagut de fer molta estona de cua. Però diumenge va ser un dia increïble, sí.

JORDI: Jo anava mirant la tele per veure com anava, i cada vegada que no et veia a l'escenari pensava: «Que bé, deu estar descansant...». Ho donaves tot cada vegada que sorties, i jo pensava: «Que es guardi alguna cosa per després!».

Gemma: Mentre ha durat la cua he pensat en les nostres trobades, en tu, en com m'has obert les portes de la teva intimitat. Les nostres converses d'aquests dies són despullades, sinceres.

Jordi: El Kader, el professor de ceràmica, quan els nois agafen una placa de fang o quan jo en faig una al torn, diu que les peces de fang que treballem són boniques per la seva imperfecció. I el nostre llibre ha de ser imperfecte, estripat, ha de ser brut, com l'art brut, perquè, si no, tot és molt atrapat.

Gemma: Si no, faríem un qüestionari en què escriuries les respostes i no hi hauria aquest intercanvi.

Jordi: Els d'Òmnium sempre tendeixen a protegir-me, em protegeixen de mi mateix, però han entès que protegir-me també vol dir deixar-me fer. Si intentessin polir-me gaire, es carregarien també el que els agrada de mi. El que penso. Com ho penso. Si no fos així com soc, seria un polític!

Gemma: És com el que explicaves de la teva mare, que si et traguessis l'arracada i et comportessis d'una altra manera, ja no li agradaries. Crec que en aquestes converses te m'has mostrat amb sabatilles, com les que vas voler per anar per la cel·la.

Jordi: Això de les sabatilles em recorda el pis de Santa Perpètua. Dèiem «*zapatillas*», en castellà. La tieta Mari em deia: «*¡Ponte las zapatillas!*». La idea de les *zapatillas* em fa remuntar a la infantesa. La mare em cridava: «Et fotré *con la zapatilla*!».

Gemma: He pensat també en la coberta del llibre. Potser ens podrien fer un dibuix en què sortíssim tu i jo aquí, al locutori, amb el vidre. He mirat si podria venir un dibuixant i em sembla que no serà possible.

Jordi: No ho crec... Recordo que al començament de ser a la presó alguns diaris, sempre que parlaven de mi, em treien en un dibuix en què feia cara d'etarra! I em va fer emprenyar molt. Vaig demanar a Òmnium que no volia que sortissin imatges meves en dibuix.

Gemma: Doncs si no t'agrada el dibuix, buscarem una altra solució. Com va anar dissabte la visita de l'Ai Weiwei?

Jordi: Va ser tot molt màgic. Els xinesos són molt introvertits, menys quan es tracta de parlar de diners i de projectes empresarials. Sempre dibuixo l'elefant d'esquena i l'ensenyo a l'Amat a través del vidre, però, no sé per què, el vaig dibuixar de perfil. Vaig ensenyar el dibuix de l'elefant a l'Amat, a través del vidre, i aleshores li vaig cantar la cançó, i la dona de l'Ai Weiwei es va emocionar. L'Ai Weiwei també ha estat a la presó: hi va estar tancat vuitanta-un dies perquè defensava els drets humans i denunciava la repressió que pateixen a la Xina. L'Ai Weiwei es va adonar que la seva dona s'emocionava i em va mirar. Va ser un moment catàrtic. Es va fer el silenci, només ens miràvem fixament, sense dir res. Els ulls ens van quedar enganxats. Va ser una connexió tel·lúrica. La Txell flipava. Continuàvem mirant-nos, connectats, i de cop i volta l'Ai Weiwei s'aixeca i refrega la cara contra el vidre, d'una banda cap a l'altra, imprimint el rostre al vidre. I jo em vaig aixecar i vaig fer el mateix.

GEMMA: Com si fos una *performance*.

JORDI: Ens acabàvem de conèixer! Però vam connectar perquè tots dos hem acabat a la presó pel mateix: per defensar els drets humans. I el primer que va dir va ser: «El meu destí no em pertany. Pertany a una causa col·lectiva». Durant els quaranta minuts que vam ser al locutori vam tenir una connexió brutal. Ahir va venir i va fer un taller als presos. Vam fer dos grups.

GEMMA: Com us comunicàveu?

JORDI: En anglès. Jo l'anava traduint. La seva obra és rupturista i crida l'atenció de la comunitat internacional, com quan el 1995 va trencar un gerro de dos mil anys d'antiguitat, una obra molt valuosa de la dinastia Han. El general Mao solia dir que només es pot construir un món nou si primer destrueixes el vell. Amb el taller de l'Ai Weiwei els presos van connectar amb l'art contemporani, que és el més democràtic de tots.

Gemma: Mentre venia cap aquí, escoltava les notícies de Catalunya Informació i explicaven la visita de l'Ai Weiwei. I destaquen dues coses que ha dit de tu: que ets un artista i que la presó et farà més fort. Són els dos titulars que surten a tots els mitjans.

Jordi: Quan vam acabar el taller, l'Ai Weiwei va tallar un tros de fang, el va deixar a terra i em va dir: «Descalça't». Em va fer posar el peu damunt del fang perquè s'hi imprimís la meva petjada. I va dir que la faria servir per a la bandera de commemoració dels setanta anys de la declaració dels drets humans. Va ser un moment molt màgic.

Es queda pensatiu mirant cap a l'infinit, com tantes altres vegades quan evoca moments que l'han emocionat de veritat.

Jordi: Però és que després hi va haver un moment encara més màgic. La *performance* de la petjada la vam fer davant de dues dones i un home que després, a les dotze del migdia, feien un concert: *Maleïdes guerres (i aquell qui les va fer)*. Tots tres van veure la *performance* de l'Ai Weiwei, i això es va notar després al concert. Desprenien una energia increïble, amb unes ganes enormes de transmetre cultura. Van fer un concertàs. Ploraven mentre feien el concert. Hi havia unes quaranta persones. Tot i que es van fer llistes obertes, s'hi va apuntar poca gent, només els que van veure que venia l'Ai Weiwei i van voler viure amb ell aquella experiència. Vaig quedar enamorat d'una de les noies que cantava al concert!

Gemma: Tu t'enamores sovint! Ja et vaig coneixent... *(Riem.)*

Jordi: És una noia maquíssima, té una veu trencada espectacular. I jo pensava: «D'on ha sortit?». Em resultava familiar. Quan vaig arribar a la cel·la a la una, ho vaig escriure tot al diari de presó. Vaig intentar escriure-ho tot de la manera més fidel possible, tot i que darrerament dono menys importància al diari. Soc com un artista, que té l'època groga, l'època blava... De vegades passo per un moment en què ho vull recollir tot al diari i amb tota mena de detalls, però d'altres no hi dono tanta importància.

Gemma: Per a qui l'escrius, el diari?

Jordi: És per a l'Amat i per als meus nebodets. L'escric de bon rotllo, per si un dia els fills de l'Amat o del Pol o de l'Uri el troben i el llegeixen, i potser pensaran: «El tiet explica que era a la presó!». I que vegin, amb tendresa, tot el que m'està passant ara. De vegades penso que d'aquí a doscents anys algú el llegirà...

Gemma: Avui, Jordi, parlarem de política.

Jordi: Ui, quina mandrota! *(Riem tots dos.)*

Gemma: Abans d'entrar, pensava el mateix.

Jordi: Tot és política, Gemma. Em preocupa molt la cohesió social. Ara t'explicaré un projecte en què estem treballant i que aviat agafarà volada. Hi treballen Òmnium, Coop57, una cooperativa de banca ètica, i ECAS, que agrupa les entitats del tercer sector. Tot es remunta a l'any 2014, quan amb la Muriel vam veure que no ens podíem permetre el luxe de no atacar els problemes quotidians de la gent, cosa que ens pertoca fer com a entitat.

Gemma: Us preocupava que per culpa del procés potser estàveu desatenent el dia a dia de la gent?

Jordi: Òmnium és «Llengua, cultura, país». Òmnium és tot això i treballa, i ha de treballar, en tots aquests fronts. Hi ha una dada de referència que fa molta nosa als polítics i que jo tinc molt al cap: el percentatge de població que està en risc d'exclusió social. Quan penso en el mitjà termini, en quines accions caldria engegar a mitjà termini, miro aquesta dada, perquè és un indicador que diu què pot passar a curt termini. Si aquest indicador augmenta, vol dir que hi haurà cada cop més gent susceptible de caure en l'exclusió social. Ni que estiguem sortint de la crisi, hi ha molta gent que s'ha quedat embarrancada i, veient el percentatge de gent que està en risc d'exclusió social, es veu que cada cop hi haurà més gent en aquesta situació.

Gemma: Creus que aquesta situació s'ha de desencallar per la via del diàleg?

Jordi: I tant! Soc amic de la Teresa Crespo, que és la dona

del Joan Majó, ministre del govern de Felipe González, que ha parlat de l'error polític i la pèrdua de seny que suposa l'aplicació del 155. He de lloar l'exercici de valentia i de generositat que ha fet Zapatero quan ha animat el govern espanyol a continuar el diàleg. Això s'ha de dir. Si no reconeixem aquest esforç, no cal que encetem el diàleg. Quan vaig tornar de Soto, recordo que vaig posar una emissora de ràdio i vaig sentir que els tertulians comentaven els darrers esdeveniments de la política catalana. El conductor del programa donava joc, però els tertulians no hi aportaven res. Només de sentir el nom del tertulià, ja sabia què diria. Tenien, cadascun, cinc minuts per parlar i vomitaven el seu argumentari com si fos un mantra. Després de nou mesos a Soto, jo ja havia fet net de tertulians. És molt trist, perquè entre els tertulians i entre els polítics hi ha gent de molta vàlua, gent amb estudis superiors que saben què vol dir *debatre*, *coincidir*, *discrepar*... M'agradaria que algú d'Esquerra digués a algú de Ciutadans: «Estic d'acord en això que dieu». O que la Inés Arrimadas digués: «Senyor Torra, estic d'acord en això». Segur que estan d'acord en alguna cosa. Segur!

GEMMA: Jordi, tu expliques que el teu independentisme no és identitari, que ets al·lèrgic a les banderes, però el procés sí que té, per força, un eix identitari. I hi ha una part del jovent que sí que s'ho pren com una qüestió identitària.

JORDI: En el sobiranisme hi ha dos components: una decisió de cada persona de manera individual i també l'autodeterminació col·lectiva, que comença per una autodeterminació individual. Els màxims responsables del procés són, d'una banda, la societat espanyola i la societat catalana, i, de l'altra, la monarquia espanyola, que ha negligit el paper d'actuar com a interlocutora, ha ignorat el paper que havia de fer, el que li toca. I cal recordar que un 70 % o un 80 % dels catalans no aproven l'actuació de la corona després de l'1 d'Octubre. Jo em sento republicà i em puc sentir republicà espanyol, però no soc monàrquic, no ho soc ni tan sols una mica. Soc un republicà espanyol frustrat.

Gemma: Et sents més a prop d'un republicà espanyol que d'un monàrquic català?

Jordi: Segur! Em sento més a prop de qualsevol persona que defensi els drets humans en qualsevol lloc del món. Quan abans t'explicava les dades del risc d'exclusió social ho feia perquè aquest percentatge indica que si algú està en risc d'exclusió social, caurà en l'exclusió social més aviat del que ens pensem. I les dades del 2014 eren alarmants. Per això Coop57, ECAS i Òmnium van encetar un projecte de col·laboració amb voluntat emancipadora, amb l'objectiu de gestionar el *mentrestant*. Recordo que a principis dels noranta, durant una Festa de l'Arbre a Santiga, el meu tiet va demanar a Miquel Martí i Pol que m'escrivís un poema en un cartell: «Escriu-li alguna cosa al Jordi, que està molt compromès i li farà il·lusió». I em va escriure una dedicatòria en un pòster que sempre tinc amb mi: «Per a en

Jordi Cuixart, amb l'esperança de compartir, per sempre més, la mateixa pàtria».

Gemma: A mi parlar de pàtria m'espanta.

Jordi: A mi també, ara. Però aleshores, l'any 1992, *pàtria* volia dir compartir-ho tot sense renúncies. No era un terme tan connotat com ara. No hem après a compartir. Fruit del capitalisme i de les religions teistes, de petits, no ens ensenyen a compartir.

Gemma: He d'entendre que tens ganes de sortir una mica de la batalla política?

Jordi: Volem sortir del fragor del procés, sí, i volem parlar del que passa: de la crisi de les hipoteques. Saps què és violència, Gemma? L'altre dia un tio es va suïcidar llançant-se de casa seva.

Gemma: Ens hem oblidat d'aquesta gent?

Jordi: Tot és per l'entramat de mitjans i partits, que ho tapen tot. La societat catalana no se n'ha oblidat. La crisi del 2010 s'ha quedat. Hi ha gent que té feina i que viu en la pobresa, que viu en risc d'exclusió social. Al Tribunal Constitucional hi havia vots del PSC contra les lleis aprovades pel Parlament de Catalunya. El soroll no ens deixa veure la realitat. El procés independentista és una reacció davant de la manca de respostes de l'Estat espanyol a la situació que s'està vivint. No s'entén que durant els darrers vuit anys l'Estat espanyol no hagi aportat ni una solució, ni una resposta al problema que estem patint. Puc entendre que la gent de fora de Catalunya o de fora de l'Estat tingui por que el sobiranisme tingui un deix identitari, però el sobiranisme és un corrent europeista i neix de la necessitat de trobar eines per resoldre els problemes del dia a dia. La bandera catalana es posa per davant, però el problema de fons són les qüestions socials.

Gemma: Creus que posar la bandera catalana per davant ha estat un error?

Jordi: Han estat els interessos dels mitjans estatals els que han pintat el procés com un moviment identitari.

Gemma: I dins del sobiranisme, tothom ho veu així?

Jordi: Segur que dins del sobiranisme hi ha una part de nacionalisme. Puc entendre el nacionalisme d'una nació sense estat, però l'altre, no. L'altre fa por. El sobiranisme, que és bastant hegemònic, no ha fet el que ha fet per una qüestió únicament identitària. L'Estat espanyol té interès a emmascarar el procés i la qüestió social que l'ha generat. De fet, molts catalanets de tota la vida han estat antiprocessistes. En canvi, les classes populars sempre han volgut votar. Som així perquè hem tingut el PSUC i gent com Paco Candel, que durant els anys setanta explica que ningú no ha de renunciar a res per formar part d'una comunitat cultural.

Quan es troben Josep Benet i Paco Candel, el que surt és explosiu. Són dues bèsties intel·lectuals. Els intel·lectuals castellans van fer el que havien de fer, i ho van fer a consciència. Però llavors hi havia algú a l'altra banda. *(Comença a cantar la cançó* España camisa blanca *d'Ana Belén.)* «*España camisa blanca de mi esperanza...*».

GEMMA: *(Continuem la cançó, un vers cadascun.)* «*Quererte tanto me cuesta nada...*».

JORDI: «*Nos hizo libres pero sin alas...*». La puc cantar tota. Machado, Lorca i Hernández són tant meus com de qualsevol persona de la resta de l'Estat. Són una aportació a la literatura universal. Durant els anys setanta i vuitanta Catalunya va intentar encaixar en el conjunt de l'Estat més enllà de la «*conllevancia*», des d'un marc d'actuació de certa prudència. Per al conjunt del catalanisme era el punt de partida, però la classe política espanyola es va agafar la Transició com un punt d'arribada. Més endavant, durant el segon govern d'Aznar, hi ha una part important de la població catalana que diu: «Prou. Fins aquí hem arribat».

GEMMA: Les elits espanyoles no són el mateix que la societat espanyola. Què diries a la societat espanyola? Què diries als ciutadans espanyols que han sentit que els catalans volen marxar, que no se senten estimats?...

JORDI: No és fàcil. Més que dir-los res, intentaria escoltar-los. Nosaltres ja hem parlat massa. Ja hi ha hagut massa soroll. Però, a mi, res no m'enfronta amb els ciutadans espanyols. Tenim lluites compartides. Cal que ens traguem de sobre la por. Tot el que passa és perquè la gent té por. Hem de parlar sense cotilles, només parlar. Sense que hàgim d'arribar necessàriament a cap acord immediat. Jo soc molt fan d'Ernest Lluch, que ens va llegar la cultura del diàleg. Formava part d'un grup d'homes visionaris que tenien una capacitat de projecció cap al futur descomunal. Van arribar a un acord i van fer la sanitat pública universal. Els polítics d'ara no podrien fer una cosa com aquesta. Ernest Lluch deia: «Mentre criden, no maten».

GEMMA: Amb tot el rebombori que hi ha ara per la trobada entre Pedro Sánchez i Quim Torra.

JORDI: Si fins i tot Joan Carles I va dir que «*hablando se entiende la gente*», i ho va dir a una persona d'Esquerra, a un republicà! Si fins i tot Israel i Palestina s'asseuen a parlar, i tenen milers de morts damunt la taula.

GEMMA: No s'entén que es posin traves al diàleg. Que es boicotegi el diàleg.

JORDI: Per què no puc parlar amb representants de la societat espanyola? Cada cop hi ha més gent que vol que ens escoltem sense apriorismes. Però el problema és que la por ho intoxica tot. Rajoy tenia por d'actuar, i aquesta inactivitat política no ens va deixar veure que el Consell Superior del Poder Judicial estava fent política. S'estava rearmant. I els adversaris ja no eren els polítics; era la judicatura.

GEMMA: Moltes vegades durant aquestes sessions m'has dit que renegaves de la política.

JORDI: Som animals polítics. Tots ho som.

GEMMA: O sigui que no en renegues.

JORDI: No, no. Tinc un gran respecte pels polítics. Hi ha milers i milers de persones arreu del món que dediquen hores de la seva vida al bé col·lectiu. I també necessitem els partits polítics. El mot *partit* ve de *part*, i jo no puc fer de part. Si em feu fer de part, no em sento còmode. Sé que soc molt més atractiu i molt més interessant si no soc de cap partit polític, perquè soc una mica de tots, una mica de cada part. Però tot el que fem és política, tot, les decisions que prenem, com vivim, què fem, com pensem, com parlem. Alguns diuen que s'ha de neutralitzar l'espai públic, però no es pot! Les coses passen al carrer, és el lloc on la societat s'expressa en la seva diversitat. A les cúpules dels partits els demano només una cosa: coherència, que compleixin allò que diuen que faran, que portin les promeses a les últimes conseqüències. Els partits independentistes van prometre que farien un referèndum per la independència de Catalunya i ho van fer. Els ho reconec. És el primer cop en la història que els partits polítics porten fins a les últimes conseqüències una promesa com aquesta. Van complir el que havien posat al programa electoral. I aquesta gent, per complir el que van prometre, han d'anar a la presó? La llei permet que presentis un programa electoral concret, però si el compleixes, et fiquen a la presó. Hem banalitzat la paraula, el valor que té donar la paraula. Jo faig el que em comprometo a fer.

GEMMA: El procés està ple de jornades històriques que voldria repassar amb tu. Comencem per la primera gran manifestació independentista, la de l'11 de setembre de 2012.

JORDI: No, la primera gran manifestació va ser la del 10 de juliol de 2010, sota el lema «Som una nació. Nosaltres decidim». Es va convocar com a resposta a la retallada de l'Estatut. Hi van anar centenars de milers de persones. I hi va assistir el president Montilla.

GEMMA: Aleshores encara no eres president d'Òmnium.

JORDI: Just llavors hi havia Junta nova. Jordi Porta, que havia estat president d'Òmnium fins al juliol del 2010, s'havia compromès que Òmnium Cultural coordinaria la manifestació. Jo formava part d'aquella Junta i no tenia ni idea de negociar, però em vaig veure de cop obligat a formar part dels qui negociaven amb CiU, amb Esquerra, amb el PSC..., a preparar la pancarta, llavors n'hi ha que diuen que Montilla no hi ha d'assistir.

GEMMA: T'ha vingut a veure a la presó?

JORDI: Sí, vam decidir que ho gestionaríem amb molta discreció, el vaig veure molt Montilla.

GEMMA: Què vols dir?

JORDI: Poc de paraules, però sí de gestos. «Què podem fer?», va dir. Tenir un president nascut fora de Catalunya és del millor que ens ha pogut passar.

GEMMA: Qui no volia que Montilla anés a la manifestació?

JORDI: Una part de la societat catalana deia que no hi havia d'anar perquè formava part del PSOE de l'Alfonso Guerra, que havia dit que s'havia «*cepillado el Estatut*» i, a més, se'n vantava. Finalment, Pujol, Montilla i Maragall van anar a la capçalera, i vam negociar que al mig hi hauria una pancarta amb la senyera i que el lema d'Òmnium Cultural se situaria en dues pancartes a banda i banda.

GEMMA: En aquell moment, tenies trenta-cinc anys. Ja feia set anys que havies creat AraNow, la teva empresa. Com ho veies tot plegat?

JORDI: Ja veia la magnitud de la tragèdia. Era el tresorer d'Òmnium i vaig proposar a la Muriel Casals de tornar tots els diners públics. Ella hi va estar d'acord de seguida. En aquells moments negociàvem amb persones que sortien a la tele. Allò era seriós. Volíem que la mani fos un èxit de la societat catalana.

Gemma: I la manifestació de l'11 de setembre de 2012 va ser una gran demostració de força de l'independentisme. Com la recordes?

Jordi: Aquella manifestació la va organitzar l'Assemblea Nacional Catalana. La gran manifestació del 10 de juliol de 2010 havia connectat el moviment sobiranista com a resposta a una situació injusta que estava patint Catalunya davant de l'actuació de l'Estat espanyol. En aquest context va néixer l'ANC, després de les consultes populars que van començar a Arenys de Munt el 13 de setembre de 2009. A la mani del 2012 vam decidir que participaríem en la convocatòria de l'ANC, que no crearíem duplicitats. Ens hi vam afegir. I va ser una manifestació molt sonada.

Gemma: El discurs sobiranista ja acapara tot el debat polític català i espanyol, i l'independentisme manté la força al carrer, amb manifestacions multitudinàries cada 11 de Setembre. I així arribem a la consulta del 9-N de 2014.

Jordi: Havíem fet les consultes populars sobre la independència arreu del territori, que van culminar en la consulta de Barcelona, el 10 d'abril de 2011. Em sentia còmode en aquest terreny. Si ho recordes, una part del sobiranisme deia que no s'havien de fer consultes, sinó un referèndum vinculant. El 9-N va ser l'acte de la unitat. Recordo que vaig anar a votar a Sabadell en un centre d'un barri popular, l'Escola Catalunya. Quan es va construir l'escola, el 1981, la gent del barri volia aquest nom, Escola Catalunya, com un acte de reafirmació. Hi vaig anar a votar amb l'Anna, l'Uri, el Pol i la mare de l'Anna, que és republicana, és una de les primeres persones que vaig conèixer que tenia consciència obrera però que, alhora, era tan republicana com catalanista. I recordo que estava molt emocionada. A la nit vaig anar a la seu d'Òmnium a fer el seguiment dels resultats. Amb el 9-N, ens vam agradar com a societat. Va ser el primer acte de desobediència, i molts ciutadans no érem conscients del que fèiem. Rajoy havia amenaçat els directors de les escoles si les obrien per a les votacions, va alertar que la gent no donés els DNI a les taules, però tothom va poder votar. El 9-N va ser el preludi de l'1 d'Octubre. El 9-N, però, és un moment poc reconegut per la societat catalana i és un moment molt important del procés, perquè sense 9-N no hi hauria hagut 1 d'Octubre. Hem de tenir capacitat, també, per gestionar els èxits i per reconèixer-los.

GEMMA: Va ser un èxit, però a Artur Mas, Joana Ortega i Irene Rigau els van inhabilitar. I amb els béns embargats.

JORDI: Els han plomat, sí. Però vull rompre una llança a favor de Mas, Ortega i Rigau, perquè van ser molt valents i van ser coherents. L'única cosa que potser els retrauria és que davant dels tribunals no ho van defensar prou políticament. Segur que ara farien una defensa molt més política.

GEMMA: I per què no ho van fer? Era una estratègia?

Jordi: Potser el sobiranisme, en aquell moment, pensava que era el que calia fer. Des d'Òmnium Cultural, pensem que l'1 d'Octubre s'ha de defensar políticament, i així ho farem.

Gemma: Saps que alguns polítics no ho faran, no defensaran la seva actuació l'1 d'Octubre des d'un punt de vista polític, i potser alguns fins i tot diuen que no van fer el que van fer.

Jordi: Som Òmnium Cultural i hem de respectar tots els posicionaments. Assumeixo la desobediència civil com una via per protegir els drets fonamentals de les persones. La desobediència civil és un acte que està reconegut per sentències del mateix Tribunal Suprem que indiquen, fins i tot, que utilitzar la desobediència civil per defensar els drets fonamentals és un senyal del bon estat de salut d'una democràcia consolidada. Tinc plena confiança que els companys faran aquesta defensa política. El sobiranisme sap que això no és poc i n'està aprenent. Hem comès errors en alguns moments del procediment, però n'estem aprenent. Aquesta situació em recorda la lluita pel dret del sufragi universal femení, que el que perseguia no era només el dret a votar, sinó viure en plena igualtat de drets amb els homes. Nosaltres només volem votar amb igualtat, ens volem autodeterminar amb igualtat. El dret a l'autodeterminació engloba molts altres drets, implica la defensa dels drets i de les llibertats fonamentals: llibertat d'expressió, llibertat de reunió, llibertat de manifestació, llibertat ideològica, dret a la dissidència política, dret d'associació, dret de participació política... El jutge instructor em va preguntar: «Es va reunir amb...». Això clarament va contra el meu dret fonamental a la llibertat de reunió. A l'ordre de processament surt que, durant la manifestació del 20-S davant de la seu de la Conselleria d'Economia, vaig cridar «No passaran!», un crit antifeixista de la Guerra Civil. M'acusen d'això! D'haver fet un crit que avui és un lema antifeixista arreu del món.

GEMMA: Has llegit l'ordre de processament?

JORDI: *(Riu.)* La veritat és que me'n salto pàgines. La Marina [Roig, l'advocada] em matarà... *(Torna a riure.)* És que l'ordre és un despropòsit rere l'altre. Els jutges estan negligint la seva funció i ho fan perquè es deixen portar per la por. Amb les seves decisions, no estan defensant les classes populars. No ens tenen ràbia, ni odi, jo crec que tenen por.

GEMMA: I de què tenen por?

JORDI: Tenen por del que pugui passar. I ho veus en les declaracions que surten als mitjans. Han arribat a fer afirmacions tan bèsties com ara «Votar divideix», «*Los referéndums los carga el diablo*»... Tot plegat és un despropòsit que ens ha dut fins aquí. Llarena té por de l'acte de votar, té por de saber l'opinió de la gent, de tota la ciutadania. Doncs no, no hem de tenir por de les urnes, no hem de tenir por del resultat que surti de les urnes. Que voti tothom! Que tothom expressi la seva opinió!

GEMMA: Un any després, Artur Mas avança les eleccions al 27 de setembre de 2015. S'hi presenta amb una candidatura unitària, Junts pel Sí, i amb caràcter de plebiscit. En aquelles eleccions el sobiranisme no arriba al 50 %. En aquell moment, el sobiranisme perd la raó quan decideix accelerar el camí cap a la independència?

JORDI: El sobiranisme va obtenir majoria en vots i en escons al Parlament. Cal sumar-hi els comuns, també. L'independentisme no treu majoria, però el sobiranisme, sí.

GEMMA: Jordi, pots posar l'accent en la majoria parlamentària o el pots posar en els vots obtinguts, que eren el 47,8 %.

JORDI: Jo ho visc com el fet que el sobiranisme revalida la majoria, que va obtenir majoria tant per vots com per escons al Parlament. El temps ha demostrat que falta més gruix, més determinació, més consens i més diàleg entre les forces sobiranistes. I cal incorporar Catalunya en Comú al projecte, no se'ls pot excloure. Es parla d'«eixamplar la base». Aquest és un verb que detesto, no m'agrada parlar d'eixamplar, prefereixo parlar de compartir, de lluites compartides. L'Ada Colau em diu que li agrada parlar amb mi perquè soc l'únic que no la vol eixamplar. Quan el sobiranisme exclou Joan Coscubiela o Lluís Rabell, el projecte conjunt es trenca, hi ha una pèrdua enorme d'energia. Tenim un objectiu comú: fer un referèndum vinculant i implementar-ne el resultat. Quan es convoquen les eleccions del 27-S, la Muriel Casals dimiteix com a presidenta d'Òmnium i s'afegeix a la llista de Junts pel Sí. Òmnium s'aparta de la campanya electoral i només demana que la gent voti opcions sobiranistes.

GEMMA: I tu com ho vius?

JORDI: Per a mi, és una etapa més.

GEMMA: En parles amb la Muriel, de la decisió d'anar a les llistes?

JORDI: Sí. En Mas li proposa que vagi a la llista i en parlem d'una manera natural. La Junta ho entén i li donem suport. A Òmnium Cultural som sobiranistes i, majoritàriament, independentistes. Ens estimem l'entitat i tenim clar el paper que ha de fer: treballar per a la societat catalana. Tenim el projecte Som Escola, que acull entitats cíviques, culturals i educatives; la Flama del Canigó; el premi de literatura infantil... Sabem què vol dir preservar els valors que fan forta la societat catalana, i la transversalitat i la pluralitat són fonamentals. I tenim clar el funcionament dels partits polítics, de manera que, com a Junta Directiva, ens mirem les eleccions del 27-S amb prudència. No fem mítings ni fem cap acte polític. Quant als resultats, tenim clar que el poble no s'equivoca. El poble volia el resultat que va sortir. Hi havia una idea clara de qui havia de governar i, també, el desig de no deixar-nos ningú pel camí. El sobiranisme, però, oblida les lluites compartides i perd una part de la força que tenia. Si el sobiranisme no se n'hagués oblidat, la resposta de l'1 d'Octubre hauria estat més qualitativa, no necessàriament més quantitativa, però sí més qualitativa, sobretot pel que fa al contingut. Ningú no n'és culpable, però tots en som responsables.

Gemma: Saltem al 9 de gener de 2016. Artur Mas ha de dimitir, forçat per la CUP. Es busca candidat a president, que finalment és Carles Puigdemont. Tu el coneixies?

Jordi: Al Puigdemont el conec de l'Associació de Municipis per la Independència, de quan era relleu del Josep Maria Vila d'Abadal. No era un home de partit, mai no actuava seguint la consigna de partit. Vam tenir una bona entrada. Després, quan assumeix la presidència de la Generalitat i jo li explico les línies mestres d'Òmnium, malgrat que tenim *feeling* polític, ell sembla que vol reservar Òmnium per a temes de llengua i cultura..., i jo li destaco que això va de compartir, que la cohesió social de les lluites compartides fa un mateix bloc amb la cultura i la llengua.

Gemma: Parlem de l'1 d'Octubre. En quin moment veus que el referèndum va de debò?

Jordi: L'abril del 2017.

Gemma: Què passa l'abril del 2017?

Jordi: Ens arriba de la Generalitat la voluntat de tirar endavant la convocatòria del referèndum. I des d'Òmnium Cultural decidim que incentivarem la gent a participar-hi.

Gemma: Quin paper hi va tenir Òmnium?

Jordi: Òmnium Cultural hi va tenir un paper transcendental. És una entitat de la societat civil que va cridar tothom a participar en el referèndum, però sense fer campanya ni per al sí ni per al no. Ho vam fer sense impostures, d'una manera oberta, clara i transparent. És veritat que la majoria dels socis d'Òmnium som independentistes, però, com a entitat de la societat civil, fomentem que tothom participi en el referèndum, que tothom exerceixi el dret individual a l'autodeterminació. L'1 d'Octubre entrem en una dimensió molt potent de la història de Catalunya i també de la història d'Espanya. Es fan evidents les febleses dels quaranta anys de democràcia. L'Estat no aguanta la pressió de la voluntat popular. Allò que no van aconseguir ni el terrorisme d'ETA, ni els GAL, ni els GRAPO, ho han fet les urnes. I els poders de l'Estat, especialment la monarquia, no han sabut reaccionar davant del que va significar l'1 d'Octubre.

Gemma: Parlem d'una jornada crítica, la del 20 de setembre. La Guàrdia Civil entra a escorcollar la Conselleria d'Economia. Creus que és el primer cop que es desborda el carrer?

Jordi: És de les primeres vegades que les entitats ens veiem amb la responsabilitat de gestionar una convocatòria no prevista. Però és lloable que assumim plenament l'organització coordinada, de seguida fem un cordó de seguretat amb l'ANC i altres entitats convocants.

Gemma: Però què es va fer malament? És l'eix de l'acusació contra tu. Vas ser conscient que el 20-S tindria conseqüències greus?

Jordi: A primera hora del matí detectem que és un punt d'inflexió, perquè ja semblava una provocació, amb un grau de bel·ligerància expressa (per exemple, intentant entrar a la seu de la CUP, d'un partit polític, sense ordre judicial), deixant la seu de Vicepresidència sense acordonar, al descobert... Va ser un canvi de guió: estiguem atents, vam dir. En qualsevol manifestació minera d'Astúries o de taxistes de Madrid hi pot haver més violència que en cap acte sobiranista. El 20-S no es va desbordar en cap moment, no hi va haver cap detingut per la concentració, que, això sí, també demanava l'alliberament dels quinze detinguts a primera hora del dia. Del 20-S, el més bonic va ser la roda de premsa del migdia amb sindicats, altres entitats... Veníem de la campanya «Crida per la democràcia», amb actes molt més genuïns i interessants, sincerament.

Gemma: Amb els resultats de l'1 d'Octubre, Puigdemont podia convocar eleccions però no ho fa. I el dia 27, quan tu ja ets a la presó, proclama la independència.

Jordi: No critico la decisió de declarar la independència el 27 d'octubre de 2017: no ens van demanar permís per fer-ho, però van fer el que havien de fer. Aquell dia només demano, de la presó estant, que decideixin el que sigui millor per a Catalunya. Els dic: «El que sigui bo per a Catalunya, també ho serà per als presos polítics». Remarco que no vull sortir de la presó si això ha d'afectar el que és millor per a Catalunya. En aquell moment defensava el dret d'autodeterminació, però ara estic defensant els drets humans. Aquell dia tenia molt clar que havien de decidir el que fos millor per a Catalunya, i que si el Parlament proclamava la República catalana, jo la defensaria. Era una decisió transcendental i estava disposat a assumir-ne les conseqüències. No puc retreure res del que es va decidir aquell dia. I la declaració d'independència agafarà importància amb el pas dels anys. El que és clar és que, si es declarava la independència, l'amenaça de l'Estat seria la violència i la presó.

Gemma: Declaren la independència el 27 d'octubre, Madrid aprova l'aplicació del 155 i al cap de dos dies Puigdemont se'n va a Brussel·les amb alguns consellers. I tu et quedes a la presó amb Jordi Sànchez.

Jordi: Soc empàtic i respectuós amb les decisions de cadascú. I també demano que ho siguin amb les que pren Òmnium Cultural. Si ho fan és perquè ho han de fer.

Gemma: Et fa mal que se'n vagin?

JORDI: Fa mal i no fa mal. Ja sabia amb què m'enfrontava. Si no vols pols, no vagis a l'era.

GEMMA: Els jutges podien justificar la presó preventiva amb l'argument que alguns polítics havien marxat.

JORDI: La presó preventiva és una perversió absoluta del principi de dret. M'han de jutjar pels meus actes, no pels actes d'altres persones. Sempre que m'han citat, hi he anat, sempre. És perniciós que el jutge digués que m'havia de quedar a la presó perquè uns altres havien marxat. M'han de jutjar pel que he fet, si de cas. Tot plegat és un despropòsit. Però s'ha de dir que el president Puigdemont i els altres consellers exiliats són un altaveu brutal de la situació que viu el país. El Tribunal de Schleswig-Holstein, per exemple, va dictar sentència amb molta celeritat i va determinar que no hi havia ni rebel·lió ni sedició. Hem arribat fins aquí perquè han perseguit urnes i paperetes! Les urnes i les paperetes han fet trontollar l'Estat i han fet evident la poca solidesa democràtica de les estructures de poder de l'Estat.

GEMMA: Però les urnes es van posar de manera unilateral.

JORDI: La unilateralitat comporta violència física, però qui l'exerceix, aquesta violència? L'Estat. I la unilateralitat és el que garanteix la unitat de l'Estat espanyol, també.

GEMMA: L'independentisme també ha optat per la via unilateral.

Jordi: És la via potser d'alguns líders independentistes i és legítima, igual que ho és no optar per aquesta via. Però cal recordar com hem arribat fins aquí. S'havien proposat reformes... El 2014 Artur Mas va presentar un document a Rajoy amb vint-i-tres propostes. I Carles Puigdemont, el 2016, n'hi va presentar un altre amb quaranta-sis propostes. I quan el Constitucional retalla l'Estatut l'any 2010 (tot i que l'Estatut, per exemple, del País Valencià recull elements significatius semblants o iguals als que es van retallar de l'Estatut català) ningú no fa cap altra proposta durant vuit anys, ni la més petita proposta. I ens diuen: «Heu pres decisions de manera unilateral». I jo dic: «Escolteu, heu retallat l'Estatut prèviament aprovat per les Corts espanyoles, el Parlament de Catalunya, referendat per la societat catalana i sancionat pel cap de l'Estat, i no ens heu fet cap altra proposta durant tot aquest temps». Què havíem de fer? No fer res? Com se'ns pot acusar d'unilateralitat després de tot el que han fet?

Gemma: No creus que es va fer una lectura equivocada de la composició social de Catalunya? Què passa amb els drets de la meitat dels catalans que no són independentistes?

Jordi: Fan falta majories més qualificades. Però no es trepitgen els drets de ningú. Si la independència s'hagués pogut dur a terme, tothom hauria mantingut els seus drets, perquè hauríem continuat dins la Unió Europea fins que algú hagués dit el contrari. L'única cosa que volíem determinar és qui gestiona els recursos econòmics. Els nostres drets queden garantits a la Declaració Universal de Drets Humans, a la Carta Europea de Drets Humans, a la Constitució europea i a la Constitució espanyola. Els drets de qui s'estan trepitjant?

GEMMA: Dels catalans que no volen la independència, potser.

JORDI: El sobiranisme va minimitzar la força comunicativa d'alguns mitjans espanyols. Els ciutadans catalans tenien els seus drets anorreats, i el missatge que enviaven els mitjans espanyols va fer que les persones no sobiranistes tinguessin por. Van projectar en l'imaginari dels ciutadans una imatge de terror per al futur immediat. I també és cert que no ens vam saber explicar. Fer autocrítica és molt saludable i mirar enrere és una forma de mestratge brutal. Fruit del que he après, sé veure en les situacions adverses una gran oportunitat. És el nostre *kairós*. La nostra presó és un exemple per a la societat catalana, ja que posa en evidència que els drets fonamentals no es respecten a l'Estat espanyol. Que el temps que passem a la presó serveixi per a això! Zapatero, que va tenir un paper protagonista en l'Estatut, té la certesa que la solució de la situació que s'està vivint a Catalunya no ha de passar pels tribunals. El posicionament de Zapatero s'ha de posar en valor. També s'ha de valorar que Pablo Iglesias parli de presos polítics i de vulneració de drets fonamentals. El sobiranisme ha de tenir empatia per reconèixer aquests gestos. O, si no, no ens en sortirem. I no hem d'eixamplar res, hem de compartir més. Si el sobiranisme es limita a la part essencialista, cada cop serà més estret. López Burniol diu que som ciutadans de la península Ibèrica, que és la península insalvable o inevitable, ara no ho recordo gaire bé, en qualsevol cas, la península compartida. Catalunya és terra de pas, sempre ho ha estat, i això ens dona un paper cabdal dins la península Ibèrica, hem de ser forts dins la península Ibèrica. Hi ha veus estatals que diuen que no es pot serrar Catalunya de la resta de l'Estat, però és que no serraríem pas Catalunya, continuaríem tenint relacions de bon veïnatge amb l'Estat espanyol. Tot és més senzill del que ens pensem. Deixem les emocions de banda i posem-hi pragmatisme. La societat catalana es vol emancipar. Potser s'afegiria a la República espanyola...

GEMMA: I mentre no arriba la República espanyola, què fem? Només la meitat de la societat catalana es vol emancipar, com dius tu.

JORDI: És el mateix que passa a Europa. La societat està dividida entre esquerres i dretes. A Catalunya tenim dos grans consensos: primer, el 80 % de la societat catalana pensa que la solució passa per un referèndum, que pot ser pactat o no; i, segon, la majoria de la societat catalana no vol que es judicialitzi la política, no vol que hi hagi presos polítics i vol que la política torni al Parlament. Tenim, doncs, un gran consens que ens fa invencibles: volem votar i no volem que es judicialitzi la política. Ara mateix tenim el judici i també la crisi que viu la societat catalana. I la crisi ens interpel·la a tots: hem de trobar solucions per al dia a dia, hem de resoldre els problemes del dia a dia. Els últims deu anys han arribat un milió i mig de nous catalans, i no hi ha xenofòbia a Catalunya: els episodis de xenofòbia són molt pocs. Abans de ser a la presó, m'agradava anar amb cotxe fins a llocs com Sant Cosme o el Bon Pastor. Baixava del cotxe, entrava en un bar i escoltava les converses. Em demanava una camamilla, havia deixat el cafè...

GEMMA: Per què?

JORDI: Perquè en prenia molts! Feia una camamilla i de seguida venia algú i em deia: «*Tú eres nuevo en el barrio, ¿no?*». I jo pensava: «Bé, molt bé, això vol dir que la gent del bar es coneix, que la gent del barri es coneix». Anava a passejar per barris on encara són ben visibles els greus problemes de desestructuració, però no hi detectava cap mena de conflicte entre el català i el castellà. També perquè molta gent parla xinès, àrab... La situació ha canviat molt. El que sí que hi ha són greus problemes d'atur, d'habitatge... Ara, a les persones nouvingudes a Catalunya, al milió i mig de nous catalans, cap líder polític d'àmbit estatal ja no pot venir i dir-los: «*¡Sacad vuestro orgullo de inmigrante!*». No ho poden fer, perquè són persones que venen de fora de l'Estat. El conflicte que viu Catalunya cada dia és menys identitari. Hi ha una escola a Badalona on només hi havia un nen que parlava castellà com a llengua materna; la resta eren d'origen xinès! Hem de positivitzar aquesta situació, aquest canvi en la composició de la població de Catalunya. Que hi hagi un nombre elevat de catalans que tenen el xinès com a llengua pròpia és el millor que em pot passar com a empresari! Perquè sé que podrem tenir comercials del país que parlen xinès com a llengua materna!

Gemma: Tu anaves a les escoles a explicar què significa ser empresari.

Jordi: Sí, i com es munta una empresa. Ho fèiem amb el programa «Escola i empresa» de FemCAT. Fèiem aquests tallers sense la voluntat de convèncer ningú, només volíem naturalitzar el fet de ser empresari entre els estudiants de secundària. M'encantava fer aquestes sessions. Quan anava a escoles de les barriades, veia la diversitat de la immigració a l'aula i veia que la immigració havia pujat molt. Durant la xerrada, qui seia a les files de davant? Doncs magrebins, romanesos... —les nenes magrebines duien el hijab—, mentre que al darrere es col·locaven els catalanets. I quan explicava com vaig crear AraNow, els immigrants que seien a les primeres files mostraven interès pel que havia fet i em preguntaven: «D'on va treure els diners per fer això?». Però els de darrere, els fills de catalans, no deien res. Els immigrants són els que tiraran el país endavant. El discurs identitari no ha entrat a les escoles ni a les barriades. Catalunya és un país molt tolerant, i això es veu cada dia. A Terrassa sí que hi va haver incidents, però van ser petits si es comparen amb el que està passant a França. L'extrema dreta (com ara l'Anglada i Plataforma per Catalunya a Vic) s'ha fos. Caldrà veure què passa amb Vox.

GEMMA: Sí, ho deies l'altre dia arran de l'èxit de Vox a les eleccions autonòmiques andaluses.

JORDI: Patirem. A Andalusia han plantejat una política homòfoba i racista. Però va, deixem de parlar de Vox. T'he portat un llibre: *Jo acuso*. N'he fet l'epíleg! El títol del llibre és de l'article que Émile Zola va publicar el 1898 sobre la condemna política del capità Dreyfus, i és un text que va marcar un abans i un després en els processos judicials i polítics, però també en la denúncia de l'antisemitisme en el si de la societat francesa. I, finalment, Dreyfus va ser alliberat.

GEMMA: Gràcies, Jordi! L'altre dia m'explicaves que vas llegir *Tòquio blues* quan vas arribar a Soto.

JORDI: Sí, me'l va deixar un pres i me'l vaig llegir una vegada rere l'altra.

GEMMA: Durant l'embaràs del meu segon fill vaig llegir *Tòquio blues*. Murakami ens connecta.

JORDI: Només per saber això, aquestes sessions ja valen la pena! Gemma, soc tan conscient de la importància del llibre que estem fent tu i jo, tant! És tan important que arribi a gent que segur que no ens llegiria...

Gemma: Però avui ets una altra persona. No ets el mateix Jordi de les dues sessions anteriors. No tinc al davant el mateix Jordi Cuixart. Avui ets el president d'Òmnium Cultural. Avui parles com un polític...

Jordi: I tu sembla que m'estiguis fent una entrevista a la ràdio. Però sí, potser tens raó. Ahir el Marcel Mauri em va dir que aquest llibre havia de ser també una carta de presentació per a la gent que no em coneix, que no ens coneix de res, i que si els dic «*Soy español*» no em creuran. Però jo sí que em sento en part espanyol; el que passa és que també soc independentista català, i tinc dret a totes dues coses! Som al segle xxi, deixem-nos anar.

Gemma: Quines alternatives creus que caldria explorar per resoldre la situació a Catalunya? La República espanyola és viable? Creus que és possible, encara, buscar complicitats polítiques per construir-la?

Jordi: Res no és impossible. Com s'arriba a la República espanyola? No està escrit enlloc. Tot està per fer. Fa vuitanta anys ja ho van fer. Per què no ho podem fer ara? És important que ho fem en peu d'igualtat i que plantegem un projecte netament republicà. Una proposta d'aquest estil seria molt benvista per una part important de la societat catalana. Raimon Obiols, l'any 1988, va publicar *Hereus del futur*, on parlava d'una Espanya federal. Ho va escriure abans que em fes insubmís, i quan ho vaig llegir, pensava: «Hòstia!, va escriure això però al Parlament feia una altra cosa...». Raimon

Obiols rebrota en Pasqual Maragall, que és l'últim federalista, des d'un punt de vista intel·lectual, amb perdó per Pablo Iglesias, amb qui n'he parlat molt, de federalisme.

Gemma: Pablo Iglesias t'ha vingut a veure?

Jordi: Va venir al març a Soto, quan no era gens fàcil venir-me a veure. Va ser una trobada bonica. Els seus bessons ens han unit molt. I li vaig regalar la segona tassa de ceràmica que vaig fer!

Gemma: Saps a qui has regalat cada tassa que has fet?

Jordi: Recordo bé les deu primeres: la primera la vaig regalar a Pepe Álvarez; la segona, a Pablo Iglesias; la tercera, a Quico Pi de la Serra; la quarta, a Marina Rossell; la cinquena, a David Fernàndez; la sisena, al president Mas; la setena, a Javier Pacheco, el secretari general de Comissions Obreres; la vuitena, a Marcel Mauri; la novena...

Gemma: Els teus pares també en tenen una a casa.

Jordi: Sí, als meus pares els en vaig regalar una de la segona fornada. És vermella. Les de la segona tongada són una mica menys imperfectes... La clau que obre tots els panys és fer una república entre iguals, una república de ciutadans que es reconeixen en la diversitat. És una opció que no descartaria a llarg termini.

Gemma: Només la República espanyola, doncs?

Jordi: No, més a curt termini potser es constituirà la República catalana. Aviat implosionarà la monarquia, i els propers anys la societat espanyola canviarà molt. I no sé si això suposarà a curt termini una involució encara més gran dels drets fonamentals. Quan Felip VI va fer el discurs la nit del 3 d'octubre, es veia que tenia por de perdre el seu mandat, de perdre el poder. Un expolític català diu que li havien escrit el discurs, però no l'hi havien escrit, el discurs era una reacció des de les vísceres, era producte d'una por absoluta. I no surt de militar perquè algú li devia fer posar sentit comú. Tot el que va dir era més propi d'una monarquia del segle xviii. Va sortir a renyar-nos: «Vosaltres, vassalls meus, què heu fet!».

Opto per canviar de tema, veient que avui el president d'Òmnium eclipsa el Jordi Cuixart més espontani.

Gemma: Jordi, ara et faré un seguit de preguntes curtes. Les respostes també haurien de ser curtes. Què valores més, la bellesa o la intel·ligència?

Jordi: La bellesa.

Gemma: La bellesa? Per què? *(Ho dic francament sorpresa.)*

Jordi: T'enganyaria si et digués que valoro més la intel·ligència.

Gemma: Què valores més, la intel·ligència o la bondat?

Jordi: La bondat.

Gemma: O sigui, primer, la bellesa; després, la bondat, i, després, la intel·ligència.

Jordi: No dono un valor absolut a la intel·ligència. Què és la intel·ligència, Gemma? Hi ha gent que treballa tres-cents dies l'any per comprar-se un apartament a la platja, però no hi poden anar mai perquè sempre estan treballant. Això és la intel·ligència? Jo no vull ser pas així.

Gemma: Quines qualitats valores més en les altres persones?

Jordi: La coherència. La curiositat.

Gemma: Quines virtuts tens?

Jordi: *(Riu.)* Tothom sap que, en el fons, no soc una mala persona.

Gemma: Ets bona persona?

Jordi: Sí, i la gent ho veu. I qui no ho veu sap que tampoc no soc la maldat.

Gemma: I quins defectes tens?

Jordi: Soc més egocèntric del que em penso. M'estic despullant, aquí! Em quedo en pilotes! Voldria ser més humil. Mira que m'hi esforço... La gent ho diu, que soc humil, però jo sé la veritat de mi mateix. Faig actes de generositat, però perquè m'aporta plaer fer-ne. I això és així perquè soc egocèntric. I penso: «Mira què has fet, Jordi!». I de seguida em dic: «Va, Jordi, no t'hi recreïs!».

Gemma: T'agrada agradar. Necessites l'aprovació dels altres?

Jordi: Sí, però també la reprovació! Per autoafirmar-me. Intento no ser incoherent. No m'agrada gens la incoherència, la gent que no intenta ser coherent amb allò que fa i allò que diu. Hem de ser ferms en les nostres conviccions fins al final.

Gemma: Et consideres una persona lliure, tot i estar a la presó?

Jordi: Sí. He trobat la meva llibertat a la presó. He sabut què és ser una persona lliure; en una situació adversa com és estar a la presó, m'he trobat a mi mateix. Ser lliure vol dir ser amo del teu interior. Em sento molt lliure. Soc més lliure dins la presó que la gent que és fora. Ho soc en parlar de política, ho soc perquè no pateixo pels altres, perquè ja no puc patir pels altres... Des d'un punt de vista polític, penso en la situació del futur de Catalunya, penso en els enfrontaments que hi pot haver, però tinc clar que el missatge que vulguem fer arribar l'hem de fer arribar a cara descoberta. I hem de tenir clar que la situació que estem vivint, malauradament, va per llarg. Contínuament, m'emborratxo i em desemborratxo de mi mateix.

GEMMA: Què diries al jutge que haurà de dictar sentència en el teu cas?

JORDI: Que em permeti tenir un judici just. Només vull un judici just. Que no entri condicionat a la sala de set jutges.

GEMMA: Un dels quals presideix el judici.

JORDI: El Marchena. Com va dir el senador del PP Cosidó, Marchena era qui havia de controlar el judici «*por detrás*» i ara ho farà «*por delante*». No li demano que m'absolgui, sinó que em faci un judici just.

GEMMA: I què diries als lectors del llibre, si hi poguessis parlar d'un en un?

JORDI: *(Riu i s'atura un moment per pensar la resposta. S'emociona.)* Que entenguin el llibre com un exercici d'humilitat. El millor regal que li pots fer a algú és l'exemple de la teva vida. I sempre actuo seguint aquest principi. Si no fos per explicar l'exemple de mi mateix, no hauria fet el llibre. Els diria que no és un llibre pretensiós i que en gaudeixin, és una història de vida que pot ser molt similar a la de milers de catalans i espanyols. Durant molts anys en aquest país l'ascensor social va funcionar bé.

Per darrere del locutori d'en Jordi passen Joaquim Forn, Josep Rull i Jordi Turull. Saluden amb la mà des de fora. Forn i Rull entren al locutori del costat, mentre que Turull entra al de Jordi Cuixart, que de seguida li passa el telèfon. Li demano com es troba després de disset dies de vaga de fam. «Bé, força bé. El cap està bé, però a la nit és més fotut».

JORDI: El dia que el Jordi Turull va haver d'anar a la infermeria, el vaig acompanyar fins a l'habitació del mòdul. Va ser un dels moments potents que he viscut a la presó. El Jordi no és gaire d'abraçades, però quan ja anava a marxar em va dir: «Vine», i em va abraçar. Va ser molt bonic i trist alhora. Em va dir una cosa semblant a «Confiem molt en Òmnium Cultural». És dur tot això, en Turull és un molt bon tio, un servidor públic, sabia que no hi ha risc per a la seva vida, però no deixa de ser dur. És molt *heavy* el tema de la vaga de fam, perquè el teu cos és el teu santuari i l'has de preservar al màxim.

GEMMA: Ets molt crític amb aquesta vaga de fam.

JORDI: Som molt respectuosos amb les decisions que pren cadascú. Quan Òmnium Cultural decidim fer una vaga de fam...

Gemma: La fareu?

Jordi: No, no ho tenim previst. La vaga de fam és un instrument que tenen tots els presos i ha de ser l'últim que es faci servir, i ha de ser creïble davant de la comunitat internacional. Abans de la vaga de fam, s'han de fer moltes coses. Tinc ganes que acabin la vaga de fam.

Gemma: Josep Ramoneda coincideix amb la teva opinió sobre la vaga de fam. Diu que el judici és molt important i que hi heu d'arribar forts.

Jordi: Amb el Josep Ramoneda ens coneixem del Cercle d'Economia. He tingut sort de conèixer gent com ell. He caminat sobre les espatlles de gegants.

Gemma: Com a president d'Òmnium Cultural has tocat el poder. Com veus les persones que tenen poder? T'hi entens?

Jordi: No em fan por. Els he humanitzat. Me'ls imagino cagant. *(Riu.)* Quan tenia vint-i-cinc anys era gerent d'una multinacional, havia de fer una presentació en italià amb els caps principals del grup. Em van fer anar a una reunió d'accionistes i quan els vaig veure allà baix jo pensava: «Què?! Jo ara he de parlar davant de tota aquesta gent?». I algú em va dir: «Caguen i pixen com tu. Imagina-te'ls així, humanitza'ls». I així ho vaig fer i tot va ser més fàcil. Des d'aleshores humanitzo les elits, i això ens posa al mateix nivell.

Tinc un punt de descregut davant del poder, però li tinc respecte. A tota aquesta gent, li vaig tenir respecte més que no pas por.

Gemma: Què vas descobrir que no sabessis?

Jordi: Que tenir poder requereix molta responsabilitat. Si vols conèixer com és algú, dona-li poder. Per a mi, va ser un gran aprenentatge ser a l'esplai i treballar al taller de la fàbrica. A l'esplai tens poder respecte dels monitors, dels nens i nenes, controles el pressupost... Quan donàvem poder a un monitor, vèiem com era realment: si es convertia en un dèspota, si era empàtic, si respectava els altres com a iguals... Soc molt respectuós amb les decisions que prenen els altres si es fan des d'una posició de coherència. Si es prenen des del respecte, les decisions són encertades i generoses. Tinc molt clar que ser president d'Òmnium Cultural és una etapa més de la meva vida. Arribarà un dia en què marxaré, i la veritat és que, a vegades, me'n moro de ganes. M'he deixat la pell en el projecte d'Òmnium Cultural, però tinc molt clar que és una etapa que s'acabarà.

Gemma: Quan?

Jordi: El dia que els socis no em votin. Jo sé que tinc una vida cíclica, de períodes d'entre deu i quinze anys. No em veig tota la vida enmig d'aquest cristo. Potser després de la propera legislatura de quatre anys. No em vull eternitzar en aquest càrrec perquè sé que al final ja no agradaria a la gent.

GEMMA: Deixaràs la política, doncs?

JORDI: Mai no abandonaré el compromís, mai no deixaré la lluita. Però vull explorar altres canals, perquè tot el que ens està passant és molt bèstia. I només acaba de començar. No som ni al final del principi.

GEMMA: On creus que som?

JORDI: A les beceroles de tot plegat. Al principi del principi. Veurem coses que sacsejaran la societat catalana, l'europea i la mundial. Els propers anys seran molt bèsties, amb Trump...

GEMMA: Pensa en el Jordi Cuixart de quinze anys. Mira-te'l.

JORDI: *(Pensa una mica.)* Me'l miro.

GEMMA: Què veus? Què li diries?

JORDI: «Tio, has fet el que t'ha donat la gana!».

GEMMA: I penses que fent el que has volgut potser has fet mal a algú?

JORDI: Segur que en algun moment he fet mal a algú, però ha estat de manera inconscient. I quan me n'he adonat, ho he passat molt malament. Ara, amb quaranta-tres anys, des de la maduresa que em dona tot el que he viscut, m'adono que estic una mica avançat al que em toca. Als trenta vaig viure la crisi dels quaranta, i no és que tingui ara la maduresa dels cinquanta, però sí que, si miro enrere, m'adono que he fet estralls, però mai no ha estat a consciència, mai no he fet mal expressament. I també he de dir que el meu entorn m'ocupa, vull que les persones del meu voltant estiguin bé: els companys de mòdul, els funcionaris... Si irradies esperança i energia positiva, la gent ho percep i et tracta de la mateixa manera. Al Jordi de quinze anys li diria: «Des dels quaranta anys, et puc dir que has après moltes coses sense ser gaire intel·ligent».

GEMMA: Què has perdut pel camí? Què has perdut que voldries recuperar?

JORDI: *(Pensa una llarga estona.)* Segur que hi ha alguna cosa... La veritat és que les teves preguntes són molt més interessants que les meves respostes.

GEMMA: Què has après de la vida? Diries que ha estat dura per a tu?

JORDI: Sí que ho ha estat, però he adquirit la capacitat de seleccionar, de treure suc dels moments durs i de positivitzar-los. Puc dir que cada cop soc més feliç.

GEMMA: Però ets a la presó.

Jordi: El temps lineal ha desaparegut per a mi. Ara lluito per les esperances col·lectives. Tinc clar que el Jordi Cuixart tal com el coneixia ha desaparegut. No penso en l'Amat de vint anys, penso en el nen que és ara. Vull que visqui el moment en què l'Ai Weiwei parla amb nosaltres al locutori, que visqui el moment en què l'Ai Weiwei refrega la cara contra el vidre i jo m'aixeco i faig el mateix. Encara que després no se'n recordi. Però ell ha estat present en aquest moment i l'ha viscut amb mi. Un estiu, amb l'Anna, vam anar a Bòsnia amb els nens. Volia que veiessin la maldat de les guerres, la destrossa que provoquen les guerres. Els tinc pànic, a les guerres. Preferiria morir per culpa d'una guerra ajudant gent innocent, ajudant les persones desvalgudes, que potser no pas sobreviure sense fer res. Les guerres són la injustícia més gran.

Gemma: L'Uri i el Pol són fills de l'Anna, però en parles com si fossin fills teus. Has viscut i has patit de primera mà els problemes de l'adolescència...

Jordi: Tenim un repte molt gran com a societat. Hem banalitzat els problemes dels joves. Recordo la frase d'Enrique Tierno Galván: «*Madrileños, el que no esté colocado, que se coloque*». Hem acabat banalitzant el consum de drogues. Cada dia hi ha més consum de marihuana; es consumeix entre els estudiants de manera habitual.

Gemma: És molt greu banalitzar un problema com aquest.

Jordi: Som fills de la Movida Madrileña, també. Quan era petit veia l'Alaska i em partia el cul. El que feien a la pantalla era autèntic i genuí, però es va construir un fals relat i et deien que per fer allò, per força, havien d'anar col·locats. I no, eren gent intel·ligent amb talent. Però, amb això, es va caure en la permissivitat davant de les drogues, començant per l'alcohol.

Gemma: Et venen a veure l'Uri i el Pol?

Jordi: A Soto del Real no podien venir, perquè no són família legal. Aquí a Lledoners sí que els han autoritzat a venir-me a veure. El Pol és molt guapo. I l'Uri també. He après tantes coses de l'Uri... M'ha ensenyat què és la capacitat de superació.

Gemma: I el Pol?

Jordi: El Pol em diu les coses a la cara d'una manera despullada. Venia a veure'm al despatx d'AraNow, quan tornava dels Estats Units, on va anar a estudiar amb setze anys. Sèiem a fer un cafè i xerràvem durant un quart d'hora. Era l'única manera de parlar amb un adolescent, perquè a casa era més complicat. I em deia: «Tu que reclames la independència, què passa amb els ciutadans espanyols que quedaran fora? Els hem d'ajudar». I jo li deia: «Aquí hi ha un 20 % de les persones en risc d'exclusió social. Les hem d'ajudar». I ell contestava: «I a Andalusia també n'hi ha!».

GEMMA: I la gent que viu en risc d'exclusió social a Saragossa no t'importa?

JORDI: No puc solucionar els problemes de la gent de Saragossa, però si Catalunya tingués un Estat, sí que podria solucionar els problemes de la gent d'aquí. El Pol em deia: «I els ciutadans del món?».

GEMMA: Recordo un dia que entràvem amb cotxe a Barcelona i hi havia cartells de Junts pel Sí que deien: «Vull que la meva àvia tingui una pensió digna». Els meus fills em van preguntar: «Mama, de quina àvia parlen, de la de Còrdova o de la de Sant Feliu?». I jo els vaig haver de dir: «Em sembla que només parlen de l'àvia catalana». Em va fer molt mal que em preguntessin això.

JORDI: Jo vull pensions dignes per a les àvies de Portugal. I també per a totes les àvies del món.

GEMMA: Jordi, parlar de les àvies de Portugal és fer trampa. Tu saps quanta gent a Catalunya té família a la resta d'Espanya?

JORDI: Quanta gent té àvies a Portugal? Molta gent! Ja saps que tinc tics llibertaris i tinc vocació internacional; sempre parlo de les lluites compartides: jo vull que hi hagi pensions dignes per a tothom. Però tinc clar que el meu àmbit d'acció és el local, l'àmbit de la ciutat, del barri. Pensa globalment i actua localment. A Catalunya, per les condicions que hi ha, fructificarien els objectius del 15-M; la dreta liberal, que és també transformadora, i l'esquerra transformadora comparteixen una certa posició hegemònica a Catalunya. Les classes populars i una petita part de les elits comparteixen un punt de trobada. És el que va fer Che Guevara a Angola i a Bolívia. Totes les revolucions són legítimes i totes les lluites són compartides. El que no pot ser és que a Catalunya no puguem fer la revolució perquè a l'Estat espanyol no es pot fer. Hem compartit lluites a l'Estat espanyol, com ara la projecció de la campanya «Demà pots ser tu – *Mañana puedes ser tú*». La revolució a Catalunya es pot fer. I una revolució sense complements (no la dels somriures). Hi ha una llavor en la societat catalana que permetria fer canvis que no es poden fer a la resta de l'Estat. Som molt ambiciosos i apostem per la transformació i per la immigració. Que la manifestació prorefugiats organitzada per l'entitat Casa Nostra Casa Vostra fos un èxit internacional no és casual. Per què això passa a Barcelona i no passa a Madrid? Doncs potser perquè Barcelona és més permeable avui en dia als temes socials i Madrid no ho és tant. El 15-M va fer aflorar una societat més contestatària, i això és bo. Pablo Iglesias ha tret resultats excel·lents quan ha dit que donava suport que es pogués exercir el dret a l'autodeterminació. I ara les enquestes diuen que Podemos baixarà a les properes eleccions. El gran problema que hi ha ara és que Podemos es vol acostar al PSOE, el PSOE es vol acostar a Ciudadanos, Ciudadanos es vol acostar al PP, i el PP es vol acostar a Vox. Que Podemos defensi el dret a l'autodeterminació és el millor antídot per a l'independentisme.

I hi ha gent que pensa: «Els catalans i els bascos no lluiten per les pensions per a tothom perquè Catalunya i el País Basc només miren per ells».

GEMMA: El 70 % dels catalans són de fora de Catalunya. Per què no lluiteu per les àvies d'aquests catalans?

JORDI: És una pregunta diabòlica.

Vint-i-quatre hores després d'aquesta conversa sobre les àvies, rebo a casa meva una carta manuscrita de Jordi Cuixart on em diu: «No puc estar tranquil amb mi mateix si no deixo escrit que empatitzo amb la preocupació que sentien els teus fills per la seva àvia de Còrdova. Entenc el seu neguit i malestar, i em dol profundament».

GEMMA: Com és que no lluiteu per la unitat de les esquerres? T'ho he de dir: com és que us sentiu còmodes amb les dretes?

JORDI: Gemma, em preocupa aquesta posició del nosaltres-vosaltres. El 2016 Javier Pérez Andújar va fer un pregó brutal per les festes de la Mercè. I li vaig trucar per felicitar-lo.

GEMMA: I el Toni Albà i alguns regidors convergents demanaven que es boicotegés l'acte, ho recordes?

JORDI: Sí, del tot desafortunat.

Gemma: És com si hi hagués els catalans autèntics i els altres.

Jordi: Però quan tu, Gemma, dius aquest «nosaltres», és a mi a qui fa mal. Si amb els meus actes s'interpreta que el Javier Pérez Andújar i jo no estem al mateix costat de la trinxera, ja podem plegar. I si he de demostrar que sí que estem al mateix costat, pleguem. Si tu i jo no som al mateix costat de la trinxera, també podem plegar. I el mateix puc dir de Jordi Sànchez, de Quim Forn, de Josep Rull i de Jordi Turull. Sí que és veritat que la dreta catalana ha tingut la connivència de la dreta espanyola.

Gemma: La mateixa dreta catalana que ha governat durant molts anys, que ha fet la feina de l'Estat, que ha retallat la sanitat, l'educació...

Jordi: En el moment en què comencen a tancar ambulatoris, nosaltres tornem els diners públics. No volem aquests diners quan la Generalitat està retallant serveis bàsics per a les persones. Òmnium Cultural és una entitat compromesa amb la cohesió social, no és ni de dretes ni d'esquerres, defensa la cultura i el progrés social, i té una visió oberta de la societat. El que em preocupa del «vosaltres» que fas servir és que m'exclou d'un possible «nosaltres». Jo vull ser part d'aquest «nosaltres».

Gemma: Però qui ha fet que es parli de nosaltres i vosaltres? Òmnium hi ha contribuït?

Jordi: L'any 2014, Pérez Andújar va fer un article en què criticava Òmnium Cultural, criticava sobretot un acte conjunt amb UGT i CCOO. Li vaig trucar, li vaig dir que féssim un cafè i que li explicaria que molts dels afiliats als dos sindicats també són d'Òmnium Cultural. Li vaig dir que sí, que l'havien creat representants de la burgesia catalana, però que ara la cosa era diferent: el 45 % dels socis té el català com a llengua familiar, n'hi ha que tenen estudis superiors i n'hi ha que no, n'hi ha de centreesquerra i de centredreta. Li vaig dir que al seu article parlava d'un Òmnium estereotipat que no responia a la realitat de l'entitat al segle xxi. Estava a punt de penjar quan li vaig començar a explicar què era Òmnium. Vivim tots en la mateixa societat, però no ens coneixem prou. Sortiu al carrer i compartiu. Tu ensenya'm en què consisteix la festa Holi, el festival dels colors hindú, i jo t'ensenyaré què és la Flama del Canigó. Però no tan sols m'explicaràs què és, sinó que ho celebrarem junts, llançarem pols de colors al carrer i vindré a casa teva a menjar per dinar els plats preparats amb aliments de colors. I això ho faig amb la Hadija, vinguda del Marroc. I la setmana que ve anirem al Canigó. Farem els farcellets de llenya, t'explicaré qui era mossèn Cinto, veurem com es ballen les sardanes i et diré que no són tan catalanes, perquè són d'origen turc i van arribar a Catalunya des de Grècia. I cantarem havaneres en castellà, com s'han cantat sempre les havaneres. I anirem a la Feria de Abril, que és tan catalana com ho és, també, el fandango, com també ho són el Pescaílla o la rumba catalana, que s'ha fet internacional. I continuarem parlant mentre baixem. I potser d'aquí surt una futura parella: la Hadija i un soci d'Òmnium. No hi hem de posar condicions i ho hem de facilitar al màxim, amb un exercici de generositat enorme. Això, si ho expliques a Ciutat Vella o a Mataró, funciona. Hi ha dues parts en aquest exercici. La primera part consisteix a escoltar-nos els uns als altres; si ho fem, ens estimarem segur. I la segona part del conte ja sortirà sola. Quan es parla de la Feria de Abril dient: «Vosaltres sou els representants d'Andalusia...», no!, alto! No és això. La cultura catalana és tot allò que es fa en terra catalana, i l'afirmació no és meva, és d'en Villatoro, i hi estic plenament d'acord. En ple segle XXI ens hem de preguntar si Rosalía és cultura catalana? És clar que ho és! I què?

Gemma: Tant de bo hi hagués més gent que pensés així!

Jordi: N'hi ha més de la que et penses.

Gemma: Entre els líders polítics, també?

Jordi: A veure, en un correfoc ningú no diu res. Tot és foc i soroll de gralles i timbals. I és cultura catalana i ningú no qüestiona si els correfocs són cultura catalana o no ho són. I les havaneres que es canten en castellà? Què hem de fer? Deixar de cantar-les? De què estem parlant? Ara mateix s'estan creant obres d'art a internet, al YouTube, de gent jove que ni parlen en català, ni en castellà, sinó que ho fan en anglès, i això també és cultura catalana. Tenim una riquesa i una potència que ens fan indestructibles. Renunciaries a Peret i a Manolo Escobar?

GEMMA: No, és clar que no!

JORDI: A l'Estat també ho fan, això.

GEMMA: D'aquí, parla'm d'aquí, no de l'Estat.

Joaquim Forn, Jordi Turull i Josep Rull acaben la seva entrevista, i, com que Jordi Cuixart també ha d'anar un moment al locutori del costat, entren Joaquim Forn, que es queda una mica més enrere, i Josep Rull, que agafa el telèfon. Ens saludem a través del vidre, els pregunto com es troben. Josep Rull diu que bé i Joaquim Forn diu que millor del que es pensava. M'expliquen que somien en llaunes de tonyina. També diuen que els moments en què veuen anuncis de menjar a la tele són molt durs i que el pitjor de tot són les nits. Parlem sobre el judici que vindrà i ens acomiadem posant la mà al vidre.

JORDI: Hi ha una part de catalans que no són sobiranistes que també veuen que la llengua catalana és bandejada de la cultura de consum. Hi ha ciutadans a Catalunya que veuen només canals de televisió en castellà, que no veuen mai que les llengües del país són el català i el castellà, en peu d'igualtat, però també l'urdú, el xinès, l'amazic... Aquesta és la realitat de Catalunya. Cal reconèixer la plurinacionalitat i la pluriculturalitat de l'Estat. Sempre he dit que hi hauria d'haver una televisió pública en castellà per als ciutadans de Catalunya.

GEMMA: Més que un altre canal públic en castellà, potser hi hauria d'haver més castellà a TV3.

JORDI: Però no seria greu que hi hagués un altre canal públic i que fos en castellà. A TV3 hi surt molt el castellà, també. TV3 ha enfortit el sentiment de pertinença col·lectiva. I sí, s'han de barrejar el català i el castellà tant com es pugui. I qui t'ho diu és Òmnium, que som llengua, cultura, país. I també caldria que la resta de les televisions públiques de l'Estat se sentissin pròpies tant la llengua com la cultura catalanes. Es focalitzen en el folklore dels toros i les sevillanes, de manera que es desnaturalitza la cultura de l'Estat i no es reconeix la plurinacionalitat i la pluriculturalitat de l'Estat. La societat catalana ha d'entendre que tots els elements de la cultura catalana són enriquidors. La migració a Catalunya és estructural i ho hem d'aprofitar. Allò que valorem de societats com els Estats Units i Israel, salvant les distàncies, són els grans imaginaris col·lectius de país: el sentit de pertinença que tenen. El somni americà soc jo: vinc d'una família humil, de classe treballadora, i, començant des de baix treballant a la carnisseria i escombrant la fàbrica, acabo de gerent en una multinacional i creo la meva pròpia empresa. El somni americà és molt difícil que passi a la resta de l'Estat. Tot i que potser sí que seria possible a Madrid, a Sevilla o al País Basc. Hem de tenir present que a Catalunya hi ha molts empresaris amb cognoms espanyols, molts. Gent que ve i engega projectes, amb estima i amb orgull. Això és bo. Tenim tres milions de catalans per fer país. I han de ser catalans de ple dret des del primer dia. El Tribunal Constitucional, quan tomba les lleis del Parlament de Catalunya, no atempta contra l'independentisme i el sobiranisme, sinó que atempta contra les classes treballadores. Amb Teresa Rodríguez i amb Kichi, quina lluita compartida no tenim?

GEMMA: Vosaltres creieu que...

JORDI: Tu i jo no tenim un «vosaltres». Tu i jo tenim un «ells».

GEMMA: Creus que el procés ha partit el país en dues meitats?

JORDI: No, no ho compro. Hi ha un percentatge molt elevat de gent que està a favor del dret a l'autodeterminació. Tothom, generalment, vota una cosa o en vota una altra, però una àmplia majoria de la gent està a favor de votar.

GEMMA: N'hi ha que no van a les manifestacions de l'11 de Setembre perquè s'hi crida «Independència». I a molta gent que no hi va potser també li agradaria compartir un moment com les grans manifestacions de l'11 de Setembre, perquè són un acte de pertinença.

JORDI: Abans del 1978 sí que hi anava molta gent, però

després no hi anava ningú. El drama és que a Espanya també estan dividits: fa quaranta anys que la pugna és entre PP i PSOE. I aquí hi ha hagut PSC, PP, Esquerra, Iniciativa, Unió i Convergència. I tots aquests partits s'han posat d'acord en coses estratosfèriques. Tan dividida està la societat espanyola que hi ha un tio que viu a la calle Zurita de Madrid que té una feinada per arribar a final de mes i un que treballa en una multinacional a Nuevos Ministerios i cobra dos-cents cinquanta mil euros l'any. Això no és una societat dividida? La societat espanyola està clarament dividida entre els que tenen més i els que tenen menys.

GEMMA: Jo et vaig preguntant sobre Catalunya i tu vinga desviar-te cap a Espanya.

JORDI: Hi ha hagut gent que no ha pogut exercir els seus drets perquè l'Estat ha actuat amb violència i ha fet por amb l'amenaça de presó.

GEMMA: Creus que hi ha famílies que a casa no poden parlar de política per no acabar tots barallats?

JORDI: Se n'ha de poder parlar d'una manera normal. Hi ha falta de consciència democràtica. Potser és veritat que l'independentisme ha generat por a una part de la societat catalana. Però també és veritat que l'Estat ha generat por a una altra part de la societat catalana. I m'agradaria que això ho digués gent de l'Estat. Que també ho reconeguessin.

Però quan Zapatero ho diu, ho poso en valor. Per a mi, paraules com *fractura* o *divisió* són paraules brutes. Les hem de canviar. N'hem de fer servir unes altres. Amb el Jordi Évole, que m'ha vingut a veure, parlàvem de què passaria després de l'1 d'Octubre. Quinze dies abans de l'1 d'Octubre ens vam trobar i em va dir: «No sé què passarà l'endemà». I jo li vaig dir: «Sota cap concepte, la societat catalana no es fracturarà». I va arribar l'1 d'Octubre. A Catalunya això és possible. I el Jordi Évole no és independentista. El Jordi Cuixart sí que ho és, però tampoc no sé fins quan ho seré. Puc deixar de ser independentista. Si hi ha un altre projecte interessant, l'abraçaré amb la mateixa passió. A mi no m'interessa la República si no podem parlar dels drets de la ciutadania. Quan vaig entrar a la presó, el Jordi Évole em va fer arribar un missatge. Vam dir que faríem unes cartes a *El Periódico* i diríem públicament que ens estimem. Em fa molt mal quan tu, Gemma, parles de «vosaltres». El sobiranisme també inclou partits com la CUP i Catalunya en Comú, que es posen d'acord en grans temes de país. M'agrada més la bellesa que la intel·ligència. I m'agrada que els democratacristians i la CUP es posin d'acord en benefici de la societat. Els polítics han oblidat que han de generar consensos. Els polítics ara es queden més amb les seves idees, no es mouen dels seus posicionaments i volen fer venir l'altra gent a la seva posició. És la idea d'eixamplar que tan poc m'agrada. Hem de tenir més generositat, hem de ser més humils i ens hem de posar d'acord per fer una societat millor.

Gemma: Una Catalunya independent seria una societat millor?

Jordi: Una societat millor és la que decideix el seu futur votant.

Gemma: Però ja votem.

Jordi: Els Comuns i el PSC portaven el referèndum al seu programa. Però sembla que hi ha una llei superior, avalada per voluntats divines, que diu sobre què pots votar i sobre què no. Per què no puc votar sobre el meu futur polític sense tremendismes? Ara no hi ha fronteres, no hi ha fronteres comercials, puc comprar a Amazon i m'arriba a casa. El que estem debatent és quina administració escollim perquè gestioni els recursos disponibles amb la màxima eficiència. Hi ha una majoria que diu que els recursos s'han de gestionar des de Catalunya. Jo ho entenc així. M'han deixat d'agradar Víctor Manuel i Ana Belén? No! Isabel Coixet m'agrada tant ara com m'agradava abans.

Gemma: M'entristeix que hi hagi catalans que boicotegin Serrat o Isabel Coixet.

Jordi: En nom de l'«eixamplar», hem expulsat gent que era del sobiranisme. Perquè la part essencialista de l'independentisme demanava adhesions clares i un elevat grau de puresa, però això no anava enlloc. Hi ha tantes idees de sobiranisme com catalans. De la mateixa manera, hi ha tantes idees d'Espanya com espanyols. Hem de gestionar els recursos amb la màxima equitat. Hem de recuperar les lleis que va tombar el Tribunal Constitucional. I hem de fer un referèndum, ni que guanyi el no. Per què no podem votar?

GEMMA: Diuen que la Constitució no ho permet. Què fem, doncs?

JORDI: És una qüestió de majories. I també del fet que la plurinacionalitat d'Espanya no es reconeix. El problema és que Catalunya no pot parlar de tu a tu amb Espanya. Zapatero s'esforça per treure el reconeixement de Catalunya com a nació de l'articulat de l'Estatut i pacta amb Mas de posar-ho al preàmbul. Ho van posar al preàmbul perquè si ho haguessin deixat a l'articulat hauria suposat reconèixer el dret a l'autodeterminació. El sobiranisme hauria de fer autocrítica, però, també, les dues parts en conflicte haurien de tenir la voluntat de resoldre'l. Des del pacte entre Zapatero i Mas del 2006 fins ara Catalunya no ha rebut ni una petita proposta, ni una. Felip VI acaba el primer discurs a les Corts dient: «*Muchas gracias*. Moltes gràcies. *Eskerrik asko. Moitas grazas*». Només pot dir això? La resposta de la corona a la plurinacionalitat de l'Estat és aquesta? Què senten la gent del País Basc i de València davant d'això? També es volen sentir la corona com a seva. Vull empatitzar amb la gent d'Espanya. Durant els nou mesos a Soto, parlava amb els funcionaris i els deia que entenia la seva posició, perquè havien estat quaranta anys sentint que els deien: «El senyor Esteve us ajudarà a entrar a Europa». El nacionalisme català ha tingut una actitud paternalista, i amb això va acabar sentint-se superior. Les capacitats de Catalunya són desbordants, però també ho són les de Madrid. Abans Barcelona era una ciutat cosmopolita, i Madrid, no, però això ja no és així. Totes dues són cosmopolites. Barcelona té el passeig de Gràcia, i Madrid, el paseo de la Castellana. Totes dues tenen les mateixes botigues i els mateixos problemes. A la gent de Madrid i a la de Barcelona ens preocupa el mateix, tenim lluites compartides. Estem perdent llibertats en nom de la corona.

Gemma: I estem junts en nom de la solidaritat.

Jordi: Lluitem junts. Podemos arrasa a Catalunya. El federalisme arrasa a Catalunya. I quan Xavier Domènech es va presentar, ningú no el coneixia.

Gemma: El federalisme arrasaria a Catalunya?

Jordi: Si arribés una proposta mínimament sincera i honesta d'Espanya, el federalisme arrasaria. Miguel Herrero de Miñón i Ignacio Sánchez-Cuenca defensen possibles vies federals o confederals. Si aquestes propostes es materialitzessin, Catalunya s'hi abocaria. Semblava impossible que Podemos tragués seixanta-nou diputats a les eleccions generals del 2015 i setanta-un a les del 2016, però ho va fer. I Catalunya s'hi va abocar. Mas no va convocar eleccions l'endemà del 9-N per por dels resultats que podia fer Podemos, per la força que tenia. L'Ada Colau, amb Podemos, guanya a Barcelona. Quan hi ha una proposta mínimament creïble des d'Espanya, Catalunya s'hi afegeix. Des de Francesc Pi i Maragall i els federalistes. Que desesperada devia estar la societat catalana per arribar fins aquí, per fer moure una societat que estava adormida! Aquesta crisi ha fet molt mal a la societat catalana.

GEMMA: I ens ha allunyat els uns dels altres.

JORDI: Jo no em sento gens lluny de tu. Segur que tu vols que la gent voti.

GEMMA: Parlant de votar, segur que no et veurem a la primera línia política? No seràs el proper president de la Generalitat de Catalunya?

JORDI: *(Rient.)* No! Soc humil i egocèntric alhora, però també molt tossut. El que m'agradaria realment és marxar d'aquí, canviar d'escenari. A mi m'han de votar els socis d'Òmnium perquè continuï sent-ne el president. No t'has de sotmetre a un plebiscit en què la societat catalana decideixi, amb el seu vot, si ho has fet bé o no. Si fes política, seria diferent de com soc ara. En canvi, si no hi entro, tothom em podrà dir: «No em vas enganyar, Jordi». Tots m'ho poden dir, l'Ada Colau, l'Artur Mas... A l'Artur Mas li vaig dir que mai no faria un ús partidista de tot això que està passant. I, respecte d'Òmnium Cultural, ja he fet el trosset d'història que em pertocava. El fill de la carnissera ja ha fet el que havia de fer. He caminat sobre les espatlles de gegants, és cert. I confien en mi. Precisament per això, perquè confien en mi, seria deshonest que fes un ús partidista del que m'ha passat.

Gemma: Ets el fill de la carnissera i un etern monitor d'esplai, també.

Jordi: Quan era a l'esplai, no estava content si no havia compartit un moment especial amb cada nen i nena. Només un. En dues hores era difícil estar amb tots, però cada dissabte intentava tenir almenys cinc minuts amb cadascun. I així vull que sigui Catalunya.

Gemma: El judici et fa por? Josep Rull m'ha explicat que tenia por dels trasllats en els furgons de la Guàrdia Civil, del calabós...

Jordi: No, no tinc por del judici. Ja ho he visualitzat i no em fa por. El calabós, els primers cops, em generava repulsió, ara ja no. Ara aprofito aquell moment per fer meditació.

Gemma: Us traslladaran a Soto del Real durant el judici. I de Soto us portaran cada dia a l'Audiència Nacional amb el furgó de la Guàrdia Civil.

Jordi: «*La jardinera*», en diuen.

Gemma: I de l'Audiència Nacional us portaran al Suprem, que és on se celebrarà el judici. Això cada dia durant molts mesos.

Jordi: Gemma, els que defensaven la democràcia l'any 1936 s'hi jugaven la vida. Haurem de menjar cada dia un entrepà a l'Audiència Nacional, sí, però tinc voluntat de sacrifici. Jo ja hi aniré plorat de casa. A Soto del Real, els dos primers mesos ja vaig plorar tot el que havia de plorar, tot. Ara també ploro, però és diferent, ara ploro d'emoció. Però ja no ploro de compassió per mi mateix. La gent que he conegut és brutal i m'ha ajudat molt. Lluitarem fins al final, però no és una lluita a mort com ho era l'any 1936. El dia que surti en llibertat tindré una cosa preciosa que poca gent té: podré veure el món de nou, podré tornar-lo a conèixer com si no l'hagués vist mai. Quan ens van traslladar de Soto del Real a Lledoners, quan passàvem per Martorell, em vaig aixecar una mica del seient i vaig veure el peatge. I vaig pensar: «Que bonic! Tot taronja!». Quan surti, podré tornar a veure el món i ho faré amb uns altres ulls, estimant les coses petites. Ara estic aprenent a dibuixar i a fer ceràmica. Tinc dies de tot, però em dic a mi mateix: «Tan malament no estàs. Sigues honest. Que la gent no tingui pena de tu». M'agradarà sortir d'aquí a cinc, vuit o deu anys, i veure el món amb uns altres ulls. I al judici ho tindran difícil. Saben que som bones persones. Saben que el delicte que ens imputen no és punible. El codi penal no el recull. Això suposarà un punt d'inflexió.

GEMMA: Què vols dir?

JORDI: Que canviarà tot. D'aquí a cinc anys, d'aquí a vuit anys, tot canviarà. Hi ha un dia en què comences a guanyar. No ho veus, però arriba un dia en què deixes de perdre i comences a guanyar. Fa quatre o cinc mesos que han començat a haver-hi canvis en els mitjans espanyols. Fins i tot a l'amic Ferreras cada dia li costa més defensar el relat oficial. Potser abans ho pensava i no ho podia dir.

GEMMA: Aquestes dotze hores de conversa t'han anat bé?

JORDI: Sí, i tant. Ha estat com fer teràpia. El diari de la presó era una mica una teràpia, però aquestes tres sessions amb tu m'han ajudat molt. Les teves preguntes m'han ajudat molt a reflexionar, a trobar-me a mi mateix en molts temes. Per què fem aquest llibre? Per la necessitat d'explicar-nos. Ho hem de fer més i millor. Dius, Gemma, que no faig autocrítica. Potser és que no m'explico prou bé. No és que no m'entenguis, és que jo no m'explico prou bé. No ets tu. Soc jo. I amb Espanya ens ha passat això mateix. Aquest llibre m'ha donat el dret a explicar-me. Si no fos per tu, segur que una part de Catalunya i una part d'Espanya no em voldrien conèixer. Aquest llibre és una gran oportunitat. Està bé que surti en català i en castellà, perquè la gent em conegui i sàpiga qui soc, aquí, a Madrid i a Bogotà. L'independentisme hi veurà el Jordi Cuixart que coneix, però també el que no coneix.

Gemma: El llibre ha d'arribar a gent que no llegiria el Jordi Cuixart. Ha d'arribar a més gent que no tan sols els independentistes.

Jordi: Si el llibre només el llegeixen el teu pare i el meu, l'hem cagat.

Gemma: L'independentisme viu en un món que es retroalimenta. És endogàmic. Necessita diàleg amb posicionaments externs, parlar amb altres visions. Quan el Marcel em va dir si volia participar en el projecte d'aquest llibre, em va sorprendre que m'ho demanés a mi.

Jordi: Òmnium Cultural té una clarividència molt gran, molt més que els partits, pel que fa al dia a dia. He fet molts esforços com a president d'Òmnium Cultural perquè els projectes que tenim oberts funcionin: la plataforma Som el 80 %, el projecte Som Escola, el premi Sambori, la Festa de les Lletres Catalanes... Valentí Puig, que ha estat un dels guardonats dels Premis Nacionals de Cultura, escriu articles a Madrid i li he escrit. I què que escrigui a Madrid? Jo li escric igualment. M'agrada Miguel Poveda, encara que sigui crític amb el sobiranisme. M'és igual. Vull parlar amb la gent que és crítica amb el sobiranisme. Això és com la bellesa de l'arruga. La bellesa de la imperfecció. El Taller de Músics de Barcelona és el segon lloc del món on es fa el millor flamenc. La Rosalía no és catalana? I el Peret és fill de Mataró; no és català? Als anys cinquanta i seixanta vam cometre molts errors amb els immigrants que van arribar a Catalunya. La Feria de Abril depenia de la Conselleria de Benestar i Família! No pot ser! La Feria de Abril és cultura! No podem repetir els mateixos errors amb la nova onada d'immigració que ens ha arribat. Tenim una oportunitat preciosa per fer-ho d'una altra manera.

GEMMA: Aquí a la presó sempre vas tan ben vestit com quan jo et visito?

JORDI: M'agrada anar ben vestit. No porto mai xandall. Quan ens vam fer la foto els presos polítics, els vaig dir: «Vestiu-vos, poseu-vos una camisa!».

GEMMA: Però no et van fer cas.

JORDI: *(Riu.)* Gens de cas. Recorda la foto de Lluís Companys a la presó del Puerto de Santa María. Porta un vestit de jaqueta i pantalons, corbata i un mocador aquí al pit. Estava a la presó, però no volia fer pena.

Es fa l'hora de plegar. Ens acomiadem. En Jordi agafa la bossa d'una revolada. Surt ràpid del locutori, em llança petons des de la porta i enfila les escales cap a dins de la presó. Avui no s'ha aturat davant de les escales per dir-me adeu una altra vegada. Ha marxat content. No vol fer pena.